Dans la même collection

- *Le don de soi,* R.P. Joseph Schrijvers, 2018
- *Humilité et patience,* Mgr W. B. Ullathorne, 2019
- *Le divin ami,* R.P. Joseph Schrijvers, 2019
- *L'imitation de Jésus-Christ,* traduction de Lammenais, 2019
- *Une pensée par jour,* saint Curé d'Ars, 2006
- *Une pensée par jour,* saint Vincent de Paul, 2006
- *Une pensée par jour,* Mgr Marcel Lefebvre, 2021
- *La dévotion aux saints anges,* Henri-Marie Boudon, 1998
- *La sainteté au jour le jour,* saint Alphonse de Liguori, 2022

Saint Louis-Marie
Grignion de Montfort

UNE PENSÉE PAR JOUR

Collection
Itinéraire Spirituel

Avertissement

Il est fait plusieurs fois allusion, dans les pages qui suivent, à la consécration du « saint esclavage ». Il s'agit de la consécration de soi-même à Jésus-Christ, la Sagesse incarnée, par les mains de Marie, telle que l'enseigne saint Louis-Marie Grignion de Montfort. Le but de cet ouvrage n'est pas d'y préparer. Pour le faire, on consultera les directives données par le saint aux numéros 227 à 233 du *Traité de la vraie dévotion à la sainte Vierge*, ainsi que le célèbre *Livre d'Or* et des ouvrages spécialisés, comme celui du père Dayet s.m.m.

(2e tirage 2022)
B.P. 118 – 92 153 Suresnes Cedex
Tél. 01 45 06 98 88 – Fax 01 45 06 05 44
www.clovis-diffusion.com
ISBN 978-2-35005-142-0

Introduction

Saint Louis-Marie Grignion de Montfort

Louis Grignion est né le 31 janvier 1673 dans le bourg de Montfort-la-Cane – aujourd'hui Montfort-sur-Meu – en Bretagne. Il est encore possible de visiter sa maison natale, au 15, rue de la Saulnerie.

Jeunesse de Louis Grignion

Le 1er février, il est baptisé dans une des trois églises du lieu, celle confiée au patronage de saint Jean. L'hôtel de ville conserve l'original de l'acte de baptême, qui est parvenu jusqu'à nous malgré les vicissitudes des temps. Il ajoutera à son prénom celui de la Vierge à l'occasion de sa confirmation.

Louis passe son enfance non loin de Montfort, au Bois-Marquer à Iffendic. Sur la façade du bâtiment, la tradition a conservé le souvenir de l'emplacement de sa chambre. Dans l'église du village, où il a fait sa première communion, on peut encore voir le banc des Grignion. C'est aussi dans cet endroit qu'il a posé sa première signature sur un registre de confirmation conservé à la mairie.

En 1685, Louis quitte le pays natal pour se rendre à Rennes afin d'accomplir ses classes d'humanités chez les jésuites, au collège Saint-Thomas-Beckett. Il y fait la connaissance de Jean-Baptiste Blain qui sera le témoin privilégié de ses années de jeunesse. En effet, il sera son condisciple non seulement au collège, mais encore durant ses études ecclésiastiques à Paris. Blain consignera ses souvenirs dans un mémoire intitulé *Abrégé de la vie de Louis-Marie Grignion de Montfort*, document de première valeur témoignant des années de jeunesse du saint.

À l'automne 1693, Louis prend la route pour Paris. Au pont de Cesson, à la sortie de Rennes, il inaugure la pauvreté qu'il pratiquera toute sa vie en faisant le vœu de ne jamais rien posséder en propre. Dans la capitale, il entre dans la communauté de M. de La Barmondière où l'on honorait « la vie pauvre de Jésus pour se disposer aux fonctions de son divin sacerdoce sous la protection de la sainte Vierge, de saint Joseph, des saints Apôtres et des hommes apostoliques ». Un an plus tard, après la disparition de M. de La Barmondière, il est admis dans la communauté de M. Boucher et y reste juste le temps de tomber malade, en raison des austérités et du style de vie qu'on y mène. Il reçoit l'extrême-onction et passe l'hiver 1694-1695 à l'Hôtel-Dieu pour se rétablir.

La divine providence, à laquelle il est complètement abandonné, le fait rejoindre le séminaire de Saint-Sulpice. C'est en 1697 ou au début de 1698 qu'il reçoit le sous-diaconat. À l'été 1699, il est envoyé en pèlerinage à Chartres avec un condisciple pour représenter la « maison » et offrir à la *Virgo paritura* les prières de l'établissement.

Durant son séminaire, Louis Grignion a excellé dans toutes les fonctions qui forment le séminariste accompli : bibliothécaire, cérémoniaire, catéchiste, fleuriste et même veilleur de morts. Ces faits sont parfaitement établis. Par exemple, la bibliothèque Mazarine conserve le catalogue commencé, au séminaire, par M. Grignion qui fut aussi un grand lecteur. Les pères montfortains possèdent son *Cahier de notes*, manuscrit dans lequel le séminariste copiait des citations des livres qu'il lisait. Grâce à ce précieux document, nous savons aujourd'hui quels sont les livres qu'il a lus et appréciés. Parmi ses auteurs favoris, il faut mentionner M. Boudon, l'archidiacre d'Évreux, le père Surin et le père Poiré, jésuites. De ce dernier, il résumera intégralement l'ouvrage intitulé *La Triple couronne de la Mère de Dieu*, grand classique marial de l'époque.

Le 5 juin 1700, il est ordonné prêtre, puis célèbre sa première messe, « comme un ange à l'autel » selon le témoignage de M. Blain. Il s'agit, en l'occurrence, de l'autel de la Vierge de l'église Saint-Sulpice où l'on peut voir une statue de notre saint en souvenir de ce fait. Après son ordination, l'abbé Grignion dispose de quelques mois avant de se lancer dans le ministère, qu'il va employer utilement en vue de son apostolat.

Les pères montfortains conservent ce que l'on appelle *Le Livre des sermons du père de Montfort.* Ce recueil contient un grand nombre de pièces élaborées durant ce laps de temps. C'est un recueil de notes et de plans de prédications contenant de fréquents passages latins. Il continuera d'enrichir ce fond de prédication par la suite. Ce livre, bien qu'il ne comporte pas à proprement parler les sermons tels qu'ils ont été prononcés par le missionnaire, est le témoin privilégié de ses prédications et des sources auxquelles il a puisé. Même si ses sources immédiates sont des sermons de grands prédicateurs de son temps, les sources éloignées sont, sans conteste, les Pères et les grands docteurs de l'Église. Montfort est un homme de Tradition !

Premiers ministères

Au sortir du séminaire, Louis Grignion a plusieurs attraits. En ces temps de chrétienté, les prêtres sont assez nombreux pour n'avoir pas à attendre de leurs supérieurs l'indication d'emplois à pourvoir de toute nécessité. Il est possible, tout en soumettant à l'obéissance ses désirs, de suivre ses inclinations en matière de ministère sacerdotal. Notre saint en a trois, bien distinctes : faire le catéchisme et prêcher la dévotion à la sainte Vierge dans des missions ; exercer le ministère sacerdotal et pratiquer les œuvres de miséricorde envers les pauvres ; partir pour les missions étrangères.

De 1700 à 1706, le jeune prêtre Grignion teste ses deux premiers attraits. C'est à Nantes qu'il commence son ministère sous la direction d'un vénérable prêtre, M. Lévêque, supérieur de la communauté Saint-Clément. Mais très vite, il quitte cet établissement qui ne répond pas à ses aspirations. Durant ces quelques années, il exerce son ministère tantôt à Poitiers, tantôt à Nantes et ses environs, tantôt à Paris. Il y réussit heureusement, au travers de multiples croix, et Dieu bénit ses entreprises. C'est durant cette première période qu'il rencontre, à Poitiers, Louise Trichet, qui sera la première Fille de la Sagesse, et Mathurin Rangeard, qui sera son premier et plus fidèle auxiliaire.

Dès le début de ses activités apostoliques, Louis Grignion a le grand désir de former une pauvre compagnie de prêtres qui aille sur les traces des Apôtres établir le règne de Jésus par Marie. Au printemps 1703, il fait un voyage à Paris. Il y réforme les ermites du Mont-Valérien, mais surtout, il se rend à l'ouverture du séminaire de son ami de jeunesse, Claude Poullart des Places, fondateur des Messieurs du Saint-Esprit, qui seront à l'origine des pères du Saint-Esprit. Il passe avec lui un accord afin que ceux de ses sujets qui le désirent puissent le suivre dans le ministère des missions.

C'est aussi à cette époque qu'il met au point ses méthodes pastorales dont la mission de 1705 à Montbernage reste le modèle primordial. Dans ce faubourg de Poitiers, il inaugure la plupart des cérémonies qui constitueront les temps forts de ses missions : communions générales par catégories, service des défunts, plantation de la croix et rénovations des vœux du baptême par Marie. C'est dans la grange de Montbernage, qu'il a transformée en chapelle, que se trouve la statue originale de Marie reine des cœurs installée par le jeune missionnaire.

Une orientation définitive

Après ces quelques années d'expérimentation, le père Grignion reste cependant indécis, car il subsiste un doute dans son esprit. C'est qu'il n'a pas encore évalué l'authenticité de son inclination aux missions étrangères. Puisque ce domaine d'activité est du ressort exclusif du pape, il décide d'aller consulter Clément XI qui règne à cette époque. Avant d'arriver à Rome, il fait un détour par Lorette pour vénérer la sainte maison de la Vierge Marie dans laquelle a eu lieu le mystère du salut qui sera le pivot de la dévotion mariale.

Le 6 juin 1706, M. de Montfort est introduit auprès du souverain pontife par le bienheureux Tommasi, religieux théatin. Après l'avoir écouté, le pape résout le problème du missionnaire en ces termes : « Vous avez, Monsieur, un assez grand champ en France, pour exercer votre zèle ; n'allez point ailleurs, et travaillez toujours avec une parfaite soumission aux évêques dans les diocèses où vous serez appelé : Dieu, par ce moyen, en donnera bénédiction à vos travaux. » Il lui enjoint, dans ses missions, d'enseigner avec force la doctrine au peuple et aux enfants et de faire renouveler les promesses du baptême. C'est ainsi que le pape, par ses directives, fait entrer le père de Monfort dans le sillage des réformes préconisées par le concile de Trente. Enfin, pour lui donner plus d'autorité, Clément XI lui accorde le titre de missionnaire apostolique.

À son retour de Rome, le père de Montfort va confier son futur apostolat au grand archange de la milice céleste en effectuant un pèlerinage au Mont-Saint-Michel. C'est qu'il voit dans la prédication apostolique une suite sur la terre du combat pour la vérité de Dieu, mené par saint Michel archange, contre le mensonge de Lucifer.

Dix années de missions

Commence alors une première période de missions dans la Bretagne et le pays nantais. En 1707, il se place sous la coupe de dom Leuduger, écolâtre de Saint-Brieuc, digne successeur du père Maunoir. Mais en 1708, en raison de sa trop forte personnalité, la séparation est inévitable. C'est à ce moment-là qu'il s'installe pour quelques mois à l'ermitage Saint-Lazare, aux environs de son village natal.

À partir de fin 1709, se déroule un des épisodes les plus célèbres de la vie de notre saint qui durera environ une année : celui de la construction du monumental calvaire de Pontchâteau. Ce projet, qui a enthousiasmé des centaines de personnes de toutes provenances durant de longs mois, se soldera par un échec apparent : l'interdiction épiscopale du 13 septembre 1710, veille de la cérémonie, de bénir l'édifice, puis l'ordre royal de sa destruction intégrale. Dans toute cette affaire, au témoignage des jésuites de Nantes, la conduite du missionnaire aura été héroïque. C'est qu'il trouve toujours que la croix est mieux plantée dans son cœur que dans n'importe quel autre lieu! Malgré toutes les vicissitudes des temps, un magnifique calvaire se dresse toujours à Pontchâteau. Dans la chapelle qui se trouve à ses pieds, on peut encore voir le Christ que le Père a fait sculpter et installer par ses soins.

Grand ami des pères dominicains et grand prédicateur du rosaire devant l'Éternel après saint Dominique et le bienheureux Alain de La Roche, le père au grand chapelet, comme on l'appelle alors, entre dans le tiers-ordre de saint Dominique le 10 novembre 1710. Ses missions se succèdent au gré des demandes qu'on lui fait dans les diocèses de Nantes, La Rochelle et Saintes. On conserve au Service historique de l'Arme de terre à Vincennes, à la bibliothèque du Génie, une relation d'époque de M. Claude Masse accompagnée d'un dessin à la plume fort pittoresque de la procession de clôture de la mission des Dames le 16 août 1711.

En 1712, dans l'ermitage Saint-Éloi à La Rochelle, le père de Montfort trouve le loisir de composer son ouvrage le plus célèbre: le *Traité de la vraie dévotion à la sainte Vierge*. Il y consigne ce qu'il a enseigné dans ses missions sur la sainte Vierge, pendant bien des années.

En 1713, au milieu de son labeur, il prend le temps de faire de nouveau un voyage à Paris. Au cours de ce séjour, il rencontre le successeur de Poullart des Places afin de renouveler avec lui l'accord passé autrefois avec son ami, décédé en 1709, en ce qui concerne les séminaristes attirés par les missions. Cet accord, inscrit dans les règles primitives des missionnaires montfortains, ne restera pas lettre morte : un de ses deux premiers collaborateurs sera M. Vatel, sorti de ce séminaire. Jusqu'à la Révolution, on peut dire qu'un missionnaire sur deux aura reçu sa formation dans ce séminaire de Paris. C'est la raison pour laquelle montfortains et spiritains se sont toujours reconnus comme « cousins spirituels ».

Au cours de l'année 1714, Louis-Marie entreprend encore un long voyage à pied jusqu'à Rouen durant lequel il prêche, à la demande, des missions. Arrivé au terme de son voyage, il rencontre son vieil ami Jean-Baptiste Blain, prévenu par nombre de calomnies et médisances, qui désire faire le point avec lui à ce sujet – entretien mémorable et consigné par écrit dans l'*Abrégé* déjà mentionné. C'est à cette occasion que Montfort lui fera la confidence d'une grâce mystérieuse d'union constante à la sainte Vierge.

L'année 1715 sera pour Montfort une année particulièrement importante. Il rencontre, à La Rochelle, M. Vatel, du séminaire du Saint-Esprit à Paris, et

M. Mulot qui sera son premier successeur. Il appelle à La Rochelle Louise Trichet et Catherine Brunet, les deux premières Filles de la Sagesse restées en souffrance à Poitiers, pour fonder des écoles charitables. C'est aussi durant cette année qu'il se retire dans un nouvel ermitage, naturel cette fois : la grotte de Mervent qui est souvent signalée sur certaines cartes routières comme « grotte du père de Montfort ».

Mais voici qu'arrive le terme de la carrière apostolique de celui que le peuple a surnommé « le bon père de Montfort ». Il est toujours soucieux de laisser derrière lui une petite compagnie de prêtres pour le ministère des missions. Trente-trois hommes convertis à la mission de Saint-Pompain, dont le curé est le frère de M. Mulot, se proposent d'accomplir un pèlerinage à Notre-Dame des Ardilliers, à Saumur, « pour obtenir de Dieu de bons missionnaires ». C'est ce que l'on a appelé le « pèlerinage des trente-trois pénitents ». Montfort n'est pas du nombre. Mais après le retour de ses fervents amis, il entreprend lui même le pèlerinage avant de se rendre à Saint-Laurent-sur-Sèvre pour la prédication d'une mission qui sera la dernière de sa vie.

C'est ainsi que le père de Montfort meurt, à Saint-Laurent, en plein labeur apostolique, le 28 avril 1716, dans sa quarante-quatrième année. Le dernier sermon qu'il prononce a pour thème la douceur de

Jésus. Montfort, de nature généreuse et forte, avait lui-même avoué qu'il aurait été l'homme le plus terrible de son siècle s'il n'avait été saisi par la douceur de Jésus et de Marie.

Faut-il rappeler, pour terminer cette courte notice biographique, que c'est Montfort qui a préparé de loin, et de près par ses successeurs, la Vendée aux grandes tribulations révolutionnaires qu'elle devait connaître à la fin du XVIIIe siècle ?

Portrait du missionnaire apostolique

Le père Louis Le Crom, montfortain et auteur d'une biographie importante publiée pour la première fois en 1942 en vue de la canonisation de Louis-Marie Grignion de Montfort, fait le portrait suivant de notre saint : « Missionnaire, il a cimenté la foi chrétienne dans les provinces de l'ouest de la France, en dressant sur son passage des calvaires gigantesques. Écrivain et poète, il occupe une place marquante dans la littérature religieuse. Théologien, il a composé des livres de spiritualité devenus classiques. Mystique, il possède une vie intérieure profonde, au milieu d'une activité dévorante. Fondateur, il a dirigé et encouragé de jeunes congrégations ; il a béni le berceau de la communauté du Saint-Esprit ; il a donné deux (même trois, si on compte les frères de Saint-Gabriel) familles religieuses florissantes :

les missionnaires de la Compagnie de Marie et les Filles de la Sagesse. Précurseur, il a prêché, en face du jansénisme triomphant, la communion fréquente, la dévotion à la sainte Vierge et la dévotion au pape. Pèlerin, il a parcouru les routes de France, le crucifix à la main, semant sans se lasser les Ave Maria de son rosaire (...). Vie courte, mais féconde prodigieusement. »

Il faudrait ajouter à ce tableau l'artiste que fut le père de Montfort. En effet, on possède plusieurs objets d'arts sortis de ses mains : à Rome, à la maison-mère des Filles de la Sagesse, la petite statue dénommée Notre-Dame de la Route qu'il portait au sommet de son bâton de marche ; à La Chèze, en Bretagne, un tableau d'une Vierge couvrant de son manteau toute une petite troupe de protégés ; à La Rochelle, un petit calvaire sculpté en méplat dans une pierre ; dans la maison natale de Montfort-sur-Meu, une statue de Notre-Dame de la Sagesse et un Christ en croix ; plusieurs Vierges à l'enfant réparties à La Séguinière, près de Cholet, à Saint-Amand-sur-Sèvre, à Pontchâteau ; l'une d'elles, qui se trouvait à Roussay, a été volée.

Au milieu des activités multiples et variées du missionnaire, on a peine à trouver le fil conducteur d'une vie toute faite de zigzags apostoliques ! Pourtant, il existe : c'est sa dévotion mariale. Des âmes consacrées ont eu l'occasion d'en témoigner : la dévotion à la sainte Vierge lui tenait lieu de passion dominante.

Sur ce sujet, il possédait tellement sa matière que l'on ne trouve dans le *Livre des sermons* du père de Montfort que très peu d'homélies sur la sainte Vierge. En réalité, le vrai témoin de sa prédication mariale est bien le *Traité de la vraie dévotion à la sainte Vierge* dans lequel il a mis par écrit ce qu'il a enseigné dans ses missions pendant bien des années, comme il le signale lui-même.

Mission ecclésiale de Montfort

Léon XIII a béatifié le père de Montfort le 22 janvier 1888. Au préalable, le 12 mai 1853, un décret apostolique romain déclarait les écrits du vénérable de Montfort exempts de toute erreur opposée à l'enseignement de l'Église.

Saint Pie X a consacré l'enseignement marial de saint Louis-Marie. Son encyclique du 2 février 1904 sur la sainte Vierge, *Ad diem illum*, n'est en substance qu'une transposition du *Traité de la vraie dévotion à la sainte Vierge*, comme l'ont fait remarquer plusieurs auteurs. Le 27 décembre 1908, le saint pape a confirmé lui-même au père Gebhard, procureur général de la Compagnie de Marie, qu'il avait tenu à relire le petit traité avant de rédiger son texte.

Dans les années 1920, Montfort avait été pressenti par le cardinal Mercier pour être le « docteur de la médiation universelle de Marie ». Ce prince de l'Église a composé une prière pour obtenir du Ciel la proclamation dogmatique de la médiation universelle de Marie et la canonisation de son grand apôtre, le bienheureux Louis-Marie Grignion de Montfort qui, en son temps, a recueilli les approbations de dix cardinaux et de plus de trois cents évêques.

Pie XII, au cours des travaux préparatoires de la canonisation de Montfort, souligna à plusieurs reprises l'importance de la doctrine mariale de notre saint qu'il met sur le même pied que l'illustre docteur marial, saint Bernard, et le place au même rang que les Pères et les docteurs, qui, de façon impérissable, ont attaché leur nom à la mariologie.

Au cours des cérémonies de canonisation, les 20 et 21 juillet 1947, le pape soulignait que, non seulement les membres des familles montfortaines pourraient tirer profit des enseignements et exemples de saint Louis-Marie, mais aussi tous les catholiques de notre époque.

Ces quelques indications marquent l'intérêt qu'il y a à connaître saint Louis-Marie Grignion de Montfort et à méditer les écrits de cet apôtre marial.

Montfort, auteur spirituel

Ce volume de la série *Une pensée par jour*, consacré à saint Louis-Marie Grignion de Montfort, ne se limitera pas à des citations tirées de son célèbre *Traité de la vraie dévotion à la sainte Vierge*. En effet, notre saint a écrit d'autres opuscules dignes d'attention et parfaitement adaptés à la méditation des mystères de la foi que l'Église fait parcourir tout au long de l'année liturgique.

Voici donc les principaux ouvrages où ont été puisées les citations que le lecteur pourra méditer au jour le jour :

– Les *Lettres*, qui sont au nombre de trente-quatre, de longueur et d'intérêt inégaux.

– L'*Amour de la Sagesse éternelle*, traité sur Jésus-Christ, ouvrage de jeunesse rédigé à Paris vers 1703-1704, et qui est la clef de compréhension de toute la spiritualité montfortaine. C'est à la fin de cet ouvrage que l'on trouve sa célèbre *Consécration de soi-même à Jésus-Christ, la Sagesse incarnée, par les mains de Marie*.

– Le *Traité de la vraie dévotion à la sainte Vierge* rédigé en 1712 à La Rochelle ; égaré à la suite de la Révolution, mais retrouvé en 1842 dans la bibliothèque des Pères à Saint-Laurent-sur-Sèvre. C'est son ouvrage le plus connu.

– Le *Secret de Marie*, lettre à une religieuse qui résume la substance du *Traité de la vraie dévotion*; on y trouve, cependant, à la fin, une section qui lui est propre : *La culture de l'Arbre de vie.*

– Le *Secret admirable du très saint rosaire pour se convertir et se sauver*, grand classique sur le sujet récapitulant toute la tradition, auquel il faut ajouter les *Méthodes pour réciter le rosaire*, originellement incluses dans le *Livre des sermons.*

– La *Lettre circulaire aux amis de la croix* : pour Montfort, jamais Jésus sans la croix, jamais la croix sans Jésus ! Ce petit écrit, rédigé au sortir d'une retraite « aux jésuites » à Rennes, date de 1714 ; il se termine par quatorze conseils pour bien porter la croix.

– La *Prière embrasée* et l'exhortation *Aux associés de la Compagnie de Marie* qui sont respectivement une sorte d'introduction et de conclusion aux *Règles primitives des montfortains.*

– La *Lettre aux habitants de Montbernage*, exhortation à ceux qui ont suivi la mission de 1705 dans le célèbre faubourg de Poitiers.

– D'autres écrits mineurs : les *Maximes et divines leçons de la Sagesse* et les *Dispositions pour bien mourir.*

Il faut mentionner aussi deux autres sources montfortaines importantes : les *Sermons* et les *Cantiques.* Les uns et les autres, malgré leur richesse incontestable, sont difficilement exploitables dans le cadre de cet ouvrage.

– Les *Sermons* constituent, à eux seuls, un volume de plus de 500 pages, distinct de celui des *Œuvres complètes* publiées en 1966 par Le Seuil. Tout en restituant les matières prêchées par le missionnaire, ce ne sont que des canevas, très denses, comportant de nombreux passages latins. Peu adaptés au but poursuivi ici, ils ne sont pas cités dans cet ouvrage.

– Les *Cantiques* : œuvre considérable comportant 23 418 vers, répartis en 205 cantiques, recensés par le père Fradet, montfortain, dans son édition type qui reste la référence en la matière. Certains cantiques peuvent aller jusqu'à 90 couplets : certains sont de vrais traités. On peut dire que les *Cantiques* sont, en quelque sorte, une versification de la prédication de saint Louis-Marie. À cause de leur forme, ils ne seront pas utilisés dans ce volume.

Quelques corrections de style, de syntaxe ou de ponctuation ont été faites pour la bonne compréhension de certains textes cités hors de leur contexte.

Ce petit ouvrage se propose de faire rentrer le lecteur dans la spiritualité montfortaine. Que le Dieu tout-puissant, la Vierge Marie et saint Louis-Marie Grignion de Montfort bénissent tous ses lecteurs.

Janvier

Consacré à l'Enfant-Jésus et à la sainte famille

1er Circoncision de Notre-Seigneur

Savoir Jésus-Christ, la Sagesse incarnée, c'est assez savoir ; savoir tout et ne le pas savoir, c'est ne rien savoir.

---

2 Saint nom de Jésus

Que nous marque le nom de Jésus, qui est le nom propre de la Sagesse incarnée, sinon une charité ardente, un amour infini et une douceur charmante ? Jésus, Sauveur, celui qui sauve l'homme, dont le propre est d'aimer et sauver l'homme !

---

3 Sainte Geneviève

vierge

Oh ! Que ce nom de Jésus est doux à l'oreille et au cœur d'une âme prédestinée : c'est un miel très doux à la bouche, une mélodie agréable aux oreilles et une jubilation parfaite au cœur.

4 Sainte Angèle de Foligno

veuve

Comme la Sagesse ne s'est fait homme que pour attirer les cœurs des hommes à son amitié et à son imitation, elle a pris plaisir à se parer de toutes les amabilités et de toutes les douceurs humaines les plus charmantes et les plus sensibles, sans aucun défaut ni aucune laideur.

---

5 Saint Télesphore

pape et martyr

Peut-on aimer ce qu'on ne connaît pas? Peut-on aimer ardemment ce qu'on ne connaît qu'imparfaitement? Pourquoi est-ce qu'on aime si peu la Sagesse éternelle et incarnée, l'adorable Jésus, sinon par ce qu'on ne la connaît pas, ou très peu?

---

6 Épiphanie

Mais qui seront ces serviteurs, esclaves et enfants de Marie? Ce seront des flèches aiguës dans la main de la puissante Marie pour percer ses ennemis... qui porteront l'or de l'amour dans le cœur, l'encens de l'oraison dans l'esprit et la myrrhe de la mortification dans le corps.

7

Saint Clerc
diacre

Jésus-Christ, la Sagesse infinie, qui avait un désir immense de glorifier Dieu son Père et de sauver les hommes, n'a point trouvé de moyen plus parfait et plus court pour le faire que de se soumettre en toutes choses à la très sainte Vierge, non seulement pendant les huit, dix ou quinze années premières de sa vie, comme les autres enfants, mais pendant trente ans.

8

Saint Lucien
martyr

Jésus-Christ, la Sagesse incarnée, a plus donné de gloire à Dieu son Père pendant tout ce temps de soumission et de dépendance de la très sainte Vierge, qu'elle ne lui en eût donné en employant ces trente ans à faire des prodiges, à prêcher par toute la terre, à convertir tous les hommes ; si autrement, elle l'aurait fait.

9

Saint Julien
martyr

Il n'y a presque personne qui étudie comme il faut, avec l'Apôtre, cette science suréminente de Jésus, qui est cependant la plus noble, la plus douce, la plus utile et la plus nécessaire de toutes les sciences et connaissances du Ciel et de la terre.

---

10 **Saint Agathon**

pape

La Sagesse éternelle est née de la plus douce, la plus tendre et la plus belle de toutes les mères, la divine Marie. Expliquez-moi la douceur de Jésus. Expliquez-moi auparavant la douceur de Marie sa Mère, à qui il ressemble dans la douceur du tempérament.

---

11 **Saint Hygin**

pape et martyr

Jésus est l'enfant de Marie et par conséquent il n'y a en lui ni fierté, ni rigueur, ni laideur, et encore infiniment moins que dans sa mère, puisqu'il est la Sagesse éternelle, la douceur et la beauté même.

---

12 **Sainte Tatienne**

martyre

Les prophètes, à qui cette Sagesse incarnée a été montrée… prédisent qu'à cause de sa douceur, elle n'achèvera pas de rompre un roseau à demi rompu, ni d'éteindre tout à fait une mèche encore fumante (Is 42, 3). C'est-à-dire qu'elle aura tant de douceur que, quand un pauvre pécheur serait à demi brisé, aveuglé et perdu par ses péchés, et comme un pied dans l'enfer, elle ne le perdra pas tout à fait, à moins qu'il ne l'y contraigne.

---

13 **Baptême de Notre-Seigneur**

Saint Jean-Baptiste, qui fut près de trente ans dans les déserts pour y mériter par ses austérités la connaissance et l'amour de cette Sagesse incarnée, ne l'eût pas plus tôt vue qu'il s'écria, en le montrant du doigt à ses disciples : « Voilà l'Agneau de Dieu, qui ôte les péchés du monde. »

---

14 **Saint Hilaire**

évêque et docteur

Saint Jean-Baptiste ne dit pas, comme il semblait qu'il devait dire : « Voilà le Très-Haut, voilà le Roi de gloire, voilà le Tout-Puissant » ; mais… « Voilà l'Agneau de Dieu, voilà cette Sagesse éternelle qui, pour nous charmer les cœurs et remettre nos péchés, a uni en soi toute la douceur de Dieu et de l'homme, du Ciel et de la terre. »

---

15 **Saint Paul**

ermite

Jésus est doux en ses paroles. Lorsqu'il vivait sur la terre, il gagnait tous par la douceur de ses paroles, et on ne l'y a jamais entendu crier trop haut ni disputer avec chaleur…

---

16 **Saint Marcel Ier**

pape et martyr

Quand Marie a jeté ses racines dans une âme, elle y produit des merveilles de grâce qu'elle seule peut produire parce qu'elle est seule la Vierge féconde, qui n'a jamais eu ni n'aura jamais sa semblable en pureté et en fécondité.

---

17 **Saint Antoine**

abbé

« Si quelqu'un de vous a besoin de la Sagesse, qu'il la demande à Dieu qui donne à tous abondamment et ne reproche point ses dons, et elle lui sera donnée » (Jc 1, 5). Remarquez que le Saint-Esprit ne dit pas : « Si quelqu'un a besoin de charité, d'humilité, de patience, etc. », qui sont des vertus si excellentes, mais : « Si quelqu'un a besoin de Sagesse… » Car en la demandant, on demande toutes les vertus qui sont renfermées en elle.

---

18 **Chaire de saint Pierre**

à Rome

Quand la Sagesse éternelle se communique à une âme, elle lui donne tous les dons du Saint-Esprit et toutes les grandes vertus dans un degré éminent, savoir, les vertus théologales : une foi vive, une espérance ferme, une charité ardente ; les vertus cardinales : une tempérance réglée, une prudence consommée, une justice parfaite et une force invincible ; les vertus morales : une religion parfaite, une humilité profonde, une douceur charmante, une obéissance aveugle, un détachement universel, une mortification continuelle, une oraison sublime, etc.

---

19 **Saint Marius et ses compagnons**

D'où peut venir ce dérèglement universel, sinon de l'oubli où l'on vit des promesses et engagements du saint baptême, et de ce que presque personne ne ratifie par soi-même le contrat d'alliance qu'il a fait avec Dieu par ses parrains et marraines ?

---

20 **Saints Fabien et Sébastien**

martyrs

Je trouve tant de richesses dans la divine Providence et tant de force dans la très sainte Vierge, qu'elles me suffisent pour enrichir ma pauvreté et soutenir ma faiblesse. Éloigné de ces deux appuis, je ne puis rien.

21 **Sainte Agnès**

vierge et martyre

La meilleure marque qu'on est aimé de Dieu, c'est quand on est haï du monde et assailli de croix, c'est-à-dire de privations des choses les plus légitimes, d'oppositions à nos volontés les plus saintes, d'injures les plus atroces et les plus touchantes, de persécutions et de mauvaises interprétations de la part des personnes les mieux intentionnées et de nos meilleurs amis, des maladies les moins à notre goût, etc.

---

22 **Saints Vincent et Anastase**

martyrs

Ah ! Si les chrétiens savaient la valeur des croix, ils feraient cent lieues pour en trouver une. Car c'est en cette aimable croix qu'est renfermée la sagesse véritable, que je cherche jour et nuit avec plus d'ardeur que jamais.

---

23 **Saint Raymond de Peñafort**

confesseur

Ah, bonne croix, venez à nous à la plus grande gloire du Très-Haut… Je mets, après Jésus notre unique amour, toute ma force dans la croix.

24 Saint Timothée
évêque et martyr

Encore que la possession de cette divine Sagesse serait impossible par les moyens ordinaires de la grâce, ce qui n'est pas, elle deviendrait possible par le moyen de la force avec laquelle nous la demandons, puisque « tout est possible à celui qui croit », vérité immuable.

---

25 Conversion de saint Paul

La grâce du Saint-Esprit ne souffre point de retardement. Dieu qui demande quelque chose à sa créature, lui parle doucement et ne veut pas forcer sa liberté ; mais plus on retarde à faire ce qu'il demande si délicatement, plus il diminue son appel, plus sa voix devient sourde, plus sa justice s'irrite.

---

26 Saint Polycarpe
évêque et martyr

Heureuse mille fois une âme en qui la Sagesse est entrée pour y faire sa demeure ! Quelques combats qu'on lui livre, elle demeure victorieuse ; de quelques dangers qu'elle soit menacée, elle en sera délivrée ; de quelques tristesses qu'elle soit accablée, elle sera réjouie et consolée ; et en quelques humiliations qu'elle soit tombée, elle en sera relevée et glorifiée dans le temps et l'éternité.

---

27 **Saint Jean Chrysostome**

docteur

Faites profit des petites souffrances, et même davantage que des grandes. Dieu ne regarde pas tant la souffrance que la manière avec laquelle on souffre. Souffrir beaucoup et souffrir mal, c'est souffrir en damné ; souffrir beaucoup et avec courage, mais pour une mauvaise cause, c'est souffrir en martyr du démon ; souffrir peu ou beaucoup et souffrir pour Dieu, c'est souffrir en saint.

---

28 **Saint Pierre Nolasque**

confesseur

Qui veut avoir une science des choses de la grâce et de la nature qui ne soit pas commune, sèche et superficielle, mais extraordinaire, sainte et profonde, doit faire tous ses efforts pour acquérir la Sagesse, sans laquelle un homme, quoique savant devant les hommes, n'est rien devant Dieu.

---

29 **Saint François de Sales**

évêque et docteur

Il y a eu quelques saints, mais en petit nombre, comme saint Bernard, saint Bonaventure, saint François de Sales, etc., qui ont passé par le chemin doux de Marie pour aller à Jésus-Christ, parce que le Saint-Esprit, époux fidèle de Marie, le leur a montré par une grâce singulière; mais les autres saints, qui sont en plus grand nombre, quoiqu'ils aient tous eu de la dévotion à la très sainte Vierge, ne sont pourtant pas, ou très peu, entrés dans cette voie. C'est pourquoi ils ont passé par des épreuves plus dangereuses.

---

30 **Sainte Martine**

vierge et martyre

Qui peut être pauvre avec la Sagesse, qui est si riche et si libérale? Qui peut être triste avec la Sagesse qui est si douce, si belle et si tendre?

---

31 **Saint Jean Bosco**

confesseur

Quand vous aurez, par ignorance ou même par votre faute, fait quelque bévue qui vous procure quelque croix, humiliez-vous en aussitôt en vous-mêmes sous la main puissante de Dieu sans vous en troubler volontairement, disant, par exemple, intérieurement: «Voilà, Seigneur, un tour de mon métier!» Et s'il y a du péché dans la faute que vous avez faite, prenez l'humiliation qui vous en revient comme son châtiment; et s'il n'y a point de péché, comme une humiliation de votre orgueil. Souvent, et même très souvent, Dieu permet que ses plus grands serviteurs, qui sont les plus élevés en sa grâce, fassent des fautes des plus humiliantes, afin de leur ôter la vue et la pensée orgueilleuse des grâces qu'il leur donne, et du bien qu'ils font, afin « qu'aucune créature », comme dit le Saint-Esprit, « ne se glorifie devant Dieu ».

Février

1er Saint Ignace

évêque et martyr

La Sagesse éternelle, pour s'approcher de plus près des hommes et leur témoigner plus sensiblement son amour, est allée jusqu'à se faire homme, jusqu'à devenir enfant, jusqu'à devenir pauvre et jusqu'à mourir pour eux sur la croix.

---

2 Purification de la Vierge Marie

La Sagesse incarnée a aimé la croix dès son enfance. Elle ne fut pas plus tôt entrée dans le monde, qu'elle la reçut, dans le sein de sa mère, des mains du Père éternel, et qu'elle la mit au milieu de son cœur, pour y dominer, en disant : « Mon Dieu, mon Père, j'ai choisi cette croix étant dans votre sein, je la choisis en celui de ma mère ; je l'aime de toutes mes forces et je la mets au milieu de mon cœur pour être mon épouse et ma maîtresse. »

3 — Saint Blaise

évêque et martyr

Dieu a sa Sagesse, et c'est l'unique et véritable qui doive être aimée et recherchée comme un grand trésor. Mais le monde corrompu a aussi sa sagesse, et elle doit être condamnée et détestée comme mauvaise et pernicieuse.

---

4 — Saint André Corsini

évêque et confesseur

Le meilleur moyen pour remédier aux dérèglements des chrétiens est de les faire se ressouvenir des obligations de leur baptême et de leur faire renouveler les vœux qu'ils y ont faits.

---

5 — Sainte Agathe

vierge et martyre

La sagesse du monde est une conformité parfaite aux maximes et aux modes du monde… Non pas d'une manière grossière et criante, en commettant quelque péché scandaleux, mais d'une manière fine et trompeuse; autrement ce ne serait plus selon le monde une sagesse, mais un libertinage.

6 — Saint Tite

évêque et confesseur

Un sage du siècle est un homme qui fait un secret, mais funeste, accord de la vérité avec le mensonge, de l'Évangile avec le monde, de la vertu avec le péché, de Jésus-Christ avec Bélial ; qui veut passer pour un honnête homme, mais non pas pour un dévot.

---

7 — Saint Romuald

abbé

Un sage mondain est un homme qui, ne se conduisant que par la lumière des sens et de la raison humaine, ne cherche qu'à se couvrir des apparences de chrétien et d'honnête homme.

---

8 — Saint Jean de Matha

confesseur

Jamais le monde n'a été si corrompu qu'il l'est, parce que jamais il n'a été si fin, si sage à son sens, ni si politique. Il se sert si finement de la vérité pour inspirer le mensonge, de la vertu pour autoriser le vice, et des maximes même de Jésus-Christ pour autoriser les siennes, que les plus sages selon Dieu y sont souvent trompés.

9 Saint Cyrille d'Alexandrie

évêque, confesseur et docteur

Marie est le grand moule de Dieu, fait par le Saint-Esprit pour former au naturel un homme-Dieu par l'union hypostatique, et pour former un homme-Dieu par la grâce. Il ne manque à ce moule aucun trait de la divinité ; quiconque y est jeté et se laisse manier aussi, y reçoit tous les traits de Jésus-Christ d'une manière douce et proportionnée à la faiblesse humaine.

---

10 Sainte Scholastique

vierge

« Cherchez premièrement le royaume de Dieu et sa justice, et le reste vous sera donné par surcroît » (Mt 6, 33). Si vous faites la première partie de cette proposition, Dieu infiniment fidèle fera la seconde, c'est-à-dire que, si vous servez Dieu fidèlement et sa très sainte mère, vous ne manquerez de rien en ce monde, ici, et dans l'autre.

---

11 Apparitions de Notre-Dame à Lourdes

L'humble Marie aura toujours la victoire sur le démon, cet orgueilleux, et si grande qu'elle ira jusqu'à lui écraser la tête où réside son orgueil ;

elle découvrira toujours sa malice de serpent; elle éventera ses mines infernales, dissipera ses conseils diaboliques, et garantira jusqu'à la fin des temps ses fidèles serviteurs de sa patte cruelle.

Février

---

12 — Sept saints fondateurs des Servites de Marie

La sagesse terrestre, dont parle saint Jacques, est l'amour des biens de la terre. C'est de cette sagesse dont les sages de ce monde font une profession secrète, quand ils attachent leurs cœurs à ce qu'ils possèdent; quand ils tâchent de devenir riches; quand ils ne pensent, ils ne parlent, ils n'agissent la plus grande partie du temps que dans la vue d'avoir ou de conserver quelque chose de temporel, ne s'appliquant à faire leur salut et aux moyens de le faire qu'à la légère, par manière d'acquit, par intervalles et pour sauver les apparences.

---

13 — Saint Polyeucte

martyr

La sagesse charnelle est l'amour du plaisir. C'est de cette sagesse dont les sages du siècle font profession quand ils ne cherchent que les plaisirs des sens; quand ils éloignent d'eux-mêmes tout ce qui peut mortifier ou incommoder le corps, comme les jeûnes, les austérités.

---

14 **Saint Valentin**

prêtre et martyr

La sagesse diabolique est l'amour et l'estime des honneurs. C'est de cette sagesse dont les sages du monde font profession quand ils aspirent, quoique secrètement, aux grandeurs, aux honneurs, aux dignités et aux emplois relevés ; quand ils recherchent à être vus, estimés, loués et applaudis des hommes ; quand ils n'envisagent dans leurs paroles et dans leurs actions que l'estime et la louange des hommes ; quand ils ne peuvent souffrir qu'on les méprise et qu'on les blâme.

---

15 **Saints Faustin et Jovite**

martyrs

Il faut, avec Notre-Seigneur, la Sagesse incarnée, détester et condamner ces trois sortes de sagesse, terrestre, charnelle et diabolique, pour acquérir la véritable qui ne cherche point son propre intérêt, qui ne se trouve point dans la terre et dans le cœur de ceux qui vivent à leur aise, et qui ont en abomination tout ce qui est grand et relevé devant les hommes.

16 Sainte Julienne de Nicomédie

vierge et martyre

Demeurons-en à Jésus-Christ, la Sagesse éternelle et incarnée, hors duquel il n'y a qu'égarement, que mensonge et que mort: « Je suis », dit-il, « la Voie, la Vérité et la Vie » (Jn 14, 6).

---

17 Saint Julien de Cappadoce

martyr

La Sagesse éternelle communique son esprit tout de lumière à l'âme qui la possède. C'est cet esprit subtil et pénétrant qui fait qu'un homme juge de toutes choses avec un grand discernement et une grande pénétration.

---

18 Saint Siméon

évêque et martyr

Si la connaissance du mystère de la croix est une grâce si spéciale, quelle en est la jouissance et la possession réelle! C'est un don que la Sagesse éternelle ne fait qu'à ses plus grands amis, et encore après bien des prières, des désirs et des supplications. Quelque excellent que soit le don de la foi, par laquelle on plaît à Dieu, on s'approche de lui, on surmonte ses ennemis, et sans laquelle il faut être damné, la croix est encore un plus grand don.

19 Saint Gabin

évêque et martyr

La Sagesse ne donne pas seulement à l'homme ses lumières pour connaître la vérité, mais encore une capacité merveilleuse pour la faire connaître aux autres. La Sagesse a la connaissance de ce qu'on dit, et elle communique la science de le bien dire.

---

20 Saint Eucher

évêque

Les paroles que la divine Sagesse communique ne sont pas des paroles communes, naturelles et humaines ; ce sont des paroles divines. Ce sont des paroles fortes, touchantes, pénétrantes, qui partent du cœur de celui par qui elle parle et qui vont jusqu'au cœur de celui qui l'écoute.

---

21 Bienheureux Noël Pinot

martyr

La Sagesse éternelle est à l'homme qui la possède le principe des plus pures douceurs et consolations. Elle donne un goût pour tout ce qui est de Dieu et lui fait perdre le goût des créatures. Elle réjouit son esprit par le brillant de ses lumières ; elle verse en son cœur une joie, une douceur et une paix indicibles, même parmi les amertumes et les tribulations les plus rudes.

---

22 **Chaire de saint Pierre**

à Antioche

Comme il n'y a rien de plus actif que la Sagesse, elle ne laisse point croupir dans la tiédeur et la négligence ceux qui ont son amitié. Elle les rend tout de flamme ; elle leur inspire de grandes entreprises pour la gloire de Dieu et pour le salut des âmes.

---

23 **Saint Pierre Damien**

évêque, confesseur et docteur

La croix est le partage et la récompense de ceux qui désirent ou possèdent la Sagesse éternelle. Mais cette aimable souveraine, qui fait tout avec nombre, poids et mesure, ne donne des croix à ses amis qu'à proportion de leurs forces, et elle répand tellement sur ces croix l'onction de ses douceurs, qu'ils en font leurs délices.

---

24 **Saint Mathias**

Apôtre

Ce fut la Sagesse incarnée qui donna aux Apôtres la facilité pour prêcher partout l'Évangile et annoncer les merveilles de Dieu : elle faisait de leur bouche un trésor de paroles… Elle a parlé par les Apôtres, et elle parlera jusqu'à la fin des siècles par la bouche de ceux à qui elle se donnera.

---

25 **Saint Césaire de Nazianze**

confesseur

Il y a grand profit à porter les croix, sans pleurer comme des petits enfants qui versent leurs larmes et se plaindraient de ce qu'on leur donnerait cent livres d'or à porter, ou comme un laboureur qui se désespérerait de ce qu'on aurait couvert son champ de louis d'or pour le rendre plus riche.

---

26 **Saint Victor**

évêque d'Arcis-sur-Aube

Ne vous étonnez point « si le monde vous hait, sachez qu'il m'a haï le premier. Si vous étiez du monde, le monde vous chérirait comme une chose qui lui appartiendrait ; mais, parce que vous n'êtes point du monde » (Jn 15, 19), il faut que vous essuyiez sa haine, ses calomnies, ses injures, ses mépris, ses outrages.

---

27 **Saint Gabriel de l'Addolorata**

confesseur

Le ciel et la terre passeraient plutôt que Dieu manquât de parole en permettant qu'une personne qui espérait en lui avec persévérance fût frustrée dans son attente.

28

Saint Romain
abbé de Lyon

Comme dans le Ciel on n'a besoin de rien de ce qui est sur la terre, on regorge des biens spirituels et éternels et on possède Dieu pleinement; de même, les pauvres volontaires n'ont besoin de rien sur terre, parce qu'ils ne veulent ni ne désirent rien; autrement, ils ne seraient pas pauvres d'esprit.

29

Saint Dosithée
confesseur

Séparez-vous des méchants, peuple de Dieu, âmes prédestinées, et pour vous échapper et vous sauver du milieu de ceux qui se damnent par leur impiété, indévotion ou oisiveté, sans perdre le temps, récitez souvent le saint rosaire avec foi, avec humilité, avec confiance et avec persévérance.

Mars

Consacré à saint Joseph

1er **Saint Aubin**

évêque d'Angers

Le vrai pauvre d'esprit a la possession de Dieu même dans son cœur. « Qu'y a-t-il de plus glorieux à l'homme que de vendre son bien pour acheter Jésus ? » dit saint Augustin. Ô l'heureuse vente, ô l'heureux achat !

---

2 **Bienheureuse Agnès de Prague**

Vous êtes unis, amis de la croix, comme autant de soldats crucifiés, pour combattre le monde (...). Courage ! Combattez vaillamment ! Les démons s'unissent pour vous perdre, unissez-vous pour les terrasser ! Les avares s'unissent pour trafiquer et gagner de l'or et de l'argent ; unissez vos travaux pour conquérir les trésors de l'éternité, renfermés dans la croix ! Les libertins s'unissent pour se divertir ; unissez-vous pour souffrir !

Mars

3 Saint Marin
martyr

Amis de la croix. Que ce nom est grand! Je vous avoue que j'en suis charmé et ébloui. Il est plus brillant que le soleil, plus élevé que les cieux, plus glorieux et plus pompeux que les titres les plus magnifiques des rois et des empereurs. C'est le grand nom de Jésus-Christ, vrai Dieu et vrai homme tout ensemble: c'est le nom sans équivoque d'un chrétien.

---

4 Saint Casimir
confesseur

Un ami de la croix est un roi tout-puissant et un héros triomphant du démon, du monde et de la chair dans leurs trois concupiscences. Par l'amour des humiliations, il terrasse l'orgueil de Satan; par l'amour de la pauvreté, il triomphe de l'avarice du monde; par l'amour de la douleur, il amortit la sensualité de la chair.

---

5 Saint Jean-Joseph de la Croix

Un ami de la croix est un homme dont le cœur est élevé au-dessus de tout ce qui est périssable et dont la conversation est dans les Cieux, qui passe sur la terre comme un étranger et un pèlerin et qui, sans y donner son cœur, la regarde de l'œil gauche avec indifférence, et la foule de ses pieds avec mépris.

---

6 **Saintes Félicité et Perpétue**

martyres

Un ami de la croix est une illustre conquête de Jésus-Christ crucifié sur le calvaire, en union de sa sainte mère (…), un vrai porte-Christ ou plutôt un Jésus-Christ, en sorte qu'il peut dire en vérité avec saint Paul : « Je vis, non, je ne vis plus, mais Jésus-Christ vit en moi » (Ga 2, 20).

---

7 **Saint Thomas d'Aquin**

confesseur et docteur

« Les hommes », dit saint Thomas, « font vœu au saint baptême de renoncer au diable et à ses pompes. » « Et ce vœu », dit saint Augustin, « est le plus grand et le plus indispensable ». Cependant, qui est-ce qui garde ce grand vœu ? Presque tous les chrétiens ne faussent-ils pas la fidélité qu'ils ont promise à Jésus-Christ dans leur baptême ?

---

8 **Saint Jean de Dieu**

confesseur

Êtes-vous par vos actions, mes chers amis de la croix, tels que votre grand nom signifie ?

Mars

Êtes-vous entrés dans la vraie voie de la vie, qui est la voie étroite et épineuse du calvaire ? N'êtes-vous point, sans y penser, dans la voie large du monde, qui est la voie de la perdition ?

---

9 Sainte Françoise Romaine

veuve

Voilà deux partis qui se présentent tous les jours : celui de Jésus-Christ et celui du monde. Celui de notre aimable Sauveur est à droite, dans un chemin étroit et rétréci plus que jamais par la corruption du monde. Ce bon maître y est en tête, marchant les pieds nus, la tête couronnée d'épines, le corps tout ensanglanté, et chargé d'une lourde croix. Il n'y a qu'une poignée de gens à le suivre.

---

10 Quarante martyrs de Sébaste

À gauche est le parti du monde ou du démon, lequel est le plus nombreux, le plus magnifique et le plus brillant, du moins en apparence. Tout le beau monde y court ; on y fait presse, quoique les chemins soient larges, et plus élargis que jamais par la multitude qui y passe. Ils sont jonchés de fleurs, bordés de plaisirs et de jeux, couverts d'or et d'argent.

11

Saint Firmin

abbé

À droite, le petit troupeau qui suit Jésus-Christ ne parle que de larmes, de pénitences, d'oraisons et de mépris du monde ; on entend continuellement ces paroles entrecoupées de sanglots : « Souffrons, pleurons, jeûnons, prions, cachons-nous, humilions-nous, appauvrissons-nous, mortifions-nous ; car celui qui n'a pas l'esprit de Jésus-Christ, qui est un esprit de croix, n'est point à lui. »

12

Saint Grégoire Ier

pape, confesseur et docteur

Les mondains, pour s'animer à persévérer dans leur malice sans scrupule, crient tous les jours : « La vie ! La paix ! La joie ! Mangeons, buvons, chantons, dansons, jouons ! Dieu est bon, Dieu ne nous a pas faits pour nous damner ; Dieu ne défend pas de se divertir ; nous ne serons point damnés pour cela ; point de scrupule ! »

13

Sainte Patricia

vierge et martyre

Notre bon Jésus vous regarde à présent, et vous dit à chacun en particulier : « Quasiment tout le monde m'abandonne dans le chemin royal de la croix. Ne voulez-vous point aussi, vous autres, m'abandonner, en fuyant ma croix comme les mondains ? Voulez-vous, afin de vous conformer à ce siècle présent, mépriser la pauvreté de ma croix, pour courir après les richesses ; éviter la douleur de ma croix, pour rechercher les plaisirs ; haïr les humiliations de ma croix, pour ambitionner les honneurs ? J'ai beaucoup d'amis en apparence, qui protestent qu'ils m'aiment et qui, dans le fond, me haïssent, parce qu'ils n'aiment pas ma croix ; beaucoup d'amis à ma table [eucharistique], et très peu de ma croix. »

---

14 — Sainte Mathilde

reine et veuve

Ne regardons que l'auteur et le consommateur de notre foi, Jésus-Christ crucifié, fuyons la corruption de la concupiscence du monde ; aimons Jésus-Christ de la belle manière, c'est-à-dire au travers de toutes sortes de croix.

---

15 — Saint Longin

martyr

Méditons bien ces admirables paroles de notre aimable maître, qui renferment toute la perfection de la vie chrétienne : « Si quelqu'un veut venir après moi, qu'il se renonce, qu'il porte sa croix, et qu'il me suive » (Mt 16, 24). Toute la perfection chrétienne, en effet, consiste :

1° à vouloir devenir un saint :
« Si quelqu'un veut venir après moi » ;
2° à s'abstenir : « qu'il renonce à lui-même » ;
3° à souffrir : « qu'il porte sa croix » ;
4° à agir : « et qu'il me suive ! »

---

16 Saint Jean de Brébeuf

martyr

C'est en Marie que Jésus-Christ a parfaitement calmé son Père irrité contre les hommes ; qu'il a parfaitement réparé la gloire que le péché lui avait ravie et que, par le sacrifice qu'il y a fait de sa volonté et de lui-même, il lui a donné plus de gloire que jamais ne lui avaient donné tous les sacrifices de l'ancienne loi, et enfin qu'il lui a donné une gloire infinie que jamais il n'avait encore reçue de l'homme.

---

17 Saint Patrick

évêque et confesseur

L'orgueil de la nature peut demander, rechercher, et même choisir et embrasser les croix grandes et éclatantes ; mais de choisir et de bien joyeusement porter les croix petites et obscures, ce ne peut être que l'effet d'une grande grâce et d'une grande fidélité à Dieu.

18 **Saint Cyrille de Jérusalem**

évêque, confesseur et docteur

Faites donc comme le marchand au regard de son comptoir : faites profit de tout, ne laissez pas perdre la moindre parcelle de la vraie Croix, quand ce ne serait qu'une piqûre de mouche ou d'épingle, qu'un petit travers d'un voisin, qu'une petite injure par méprise, qu'une petite perte d'un denier, qu'un petit trouble dans l'âme, qu'une petite lassitude dans le corps, qu'une petite douleur dans un de vos membres, etc. Faites profit de tout, comme l'épicier de sa boutique, et vous deviendrez bientôt riches en Dieu, comme il devient riche en argent, en mettant denier sur denier dans son comptoir. À la moindre traverse qui vous arrive, dites : « Dieu soit béni ! Mon Dieu, je vous remercie » ; puis cachez dans la mémoire de Dieu, qui est comme votre comptoir, la croix que vous venez de gagner ; et puis ne vous en souvenez plus que pour dire : « Grand merci ou miséricorde ! »

19 **Saint Joseph**

époux de la Vierge Marie

On avance plus, en peu de temps de soumission et de dépendance de Marie, que dans des années entières de propre volonté et d'appui sur soi-même.

Mars

---

20 **Saint Archippe**

confesseur

Il faut que nos péchés soient punis en ce monde ou dans l'autre ; s'ils le sont en celui-ci, ils ne le seront pas dans l'autre. Si Dieu les punit en celui-ci de concert avec nous, la punition sera amoureuse : ce sera la miséricorde, qui règne en ce monde, qui châtiera, et non la justice rigoureuse ; le châtiment sera léger et passager, accompagné de douceurs et de mérites, suivi de récompense dans le temps et l'éternité.

---

21 **Saint Benoît**

abbé

Il n'y a rien de si nécessaire, de si utile et de si doux, ni de si glorieux que de souffrir quelque chose pour Jésus-Christ.

22

Sainte Léa
veuve

Si le châtiment nécessaire aux péchés que nous avons commis est réservé dans l'autre monde, ce sera la justice vengeresse de Dieu, qui met tout à feu et à sang, qui fera ce châtiment. Châtiment épouvantable, incompréhensible, sans miséricorde, sans pitié, sans soulagement, sans mérites, sans bornes et sans fin. Oui, sans fin, ce péché mortel d'un moment que vous avez fait, qui a si peu duré, sera puni une éternité, tant que Dieu sera Dieu.

23

Saint Joseph Oriol
confesseur

Y pensons-nous quand nous souffrons quelque peine en ce monde ? Que nous sommes heureux de faire un si heureux échange d'une peine éternelle et infructueuse en une passagère et méritoire, en portant cette croix avec patience !

24

Saint Gabriel
archange

Si nous pouvions seulement ravir au démon le livre de mort, où il a marqué tous nos péchés et la peine qui leur est due, que nous trouverions un grand débet de compte, et que nous serions ravis de souffrir des années entières ici-bas, plutôt que de souffrir une seule journée en l'autre monde !

Mars

25 Annonciation

L'incarnation du Verbe est le premier mystère de Jésus-Christ, le plus caché, le plus relevé et le moins connu (...). Ce mystère est un abrégé de tous les mystères, qui renferme la volonté et la grâce de tous les autres mystères.

26 Saint Emmanuel

martyr

Celui parmi vous qui sait mieux porter sa croix, quand il ne saurait d'ailleurs ni A ni B, est le plus savant de tous. Réjouissez-vous, pauvre idiot, pauvre femme sans esprit et sans science : si vous savez souffrir joyeusement, vous en saurez plus qu'un docteur de Sorbonne, qui ne sait pas si bien souffrir que vous.

27 Saint Jean de Damas

confesseur et docteur

Ne vous y trompez pas, ces chrétiens que vous voyez de tous côtés, ornés à la mode, délicats à merveille, élevés et graves à l'excès, ne sont pas les vrais disciples de Jésus crucifié. Ô mon Dieu ! Que de fantômes de chrétiens qui se croient être les membres du Sauveur et qui sont ses persécuteurs les plus traîtres, parce que, tandis que de la main ils font le signe de la croix, ils en sont les ennemis dans leur cœur !

---

28 Saint Jean de Capistran

confesseur

Si vous êtes conduits par le même esprit, si vous vivez la même vie que Jésus-Christ, votre chef tout épineux, ne vous attendez qu'aux épines, qu'aux coups de fouet, qu'aux clous ; en un mot qu'à la croix, parce qu'il est nécessaire que le disciple soit traité comme le maître, le membre du corps mystique comme le chef, c'est-à-dire, la tête du corps mystique.

---

29 Quarante-huit bienheureux martyrs de Toulouse

Regardez, mes chers amis de la croix, regardez devant vous une grande nuée de témoins... Voyez, comme en passant, un Abel juste et tué par son frère ; un Abraham juste et étranger sur la terre ; un Loth juste et chassé de son pays ; un Jacob juste et persécuté par son frère ; un Tobie juste et frappé d'aveuglement ; un Job juste et appauvri, humilié et frappé d'une plaie depuis les pieds jusqu'à la tête.

---

30 **Saint Rieul**
évêque d'Arles

Qu'est-ce que Dieu regarde sur la terre? Les rois et empereurs sur leurs trônes? Il ne les regarde souvent qu'avec mépris. Les grandes victoires des armées de l'État, les pierres précieuses, les choses en un mot qui sont grandes aux yeux des hommes? Ce qui est grand aux yeux des hommes est une abomination devant Dieu. Qu'est-ce donc qu'il regarde avec plaisir et complaisance, et dont il demande des nouvelles aux anges et aux démons mêmes? C'est un homme qui se bat pour Dieu avec la fortune, avec le monde, avec l'enfer et avec soi-même, un homme qui porte joyeusement sa croix. « N'as-tu pas vu sur la terre une grande merveille que tout le Ciel regarde avec admiration ? », dit le Seigneur à Satan; « N'as-tu pas vu mon serviteur Job, qui souffre pour moi ? » (Jb 2, 3)

---

31 **Saint Benjamin**
martyr

Portez votre croix joyeusement et vous y trouverez une force victorieuse, à laquelle aucun de vos ennemis ne pourra résister, et vous y goûterez une douceur charmante, à laquelle il n'y a rien de semblable. Oui, sachez que le vrai paradis terrestre est de souffrir quelque chose pour Jésus-Christ.

Avril

1er — Saint Valéry

abbé

Il faut que toute entreprise glorieuse à Dieu et salutaire au prochain soit parsemée d'épines et de croix. Et si on ne hasarde quelque chose pour Dieu, on ne fait rien de grand pour lui.

---

2 — Saint François de Paule

confesseur

Ô Jésus qui avez prié pour vos ennemis lorsqu'ils vous crucifiaient, pardonnez-moi mes offenses, comme je pardonne de bon cœur à ceux qui m'ont offensé.

---

3 — Saint Sixte Ier

pape

Ô Jésus qui avez promis le paradis à la pénitence du bon larron, je vous conjure par votre bonté infinie de vous souvenir de moi à l'heure de ma mort, et de me donner une véritable contrition de mes péchés.

---

4 Saint Isidore

évêque de Séville, confesseur et docteur

Avril

Ô Jésus qui avez témoigné, en mourant, la tendresse de votre cœur envers votre bienheureuse mère, et qui lui avez recommandé tous vos disciples en la personne de saint Jean, mettez-moi, s'il-vous-plaît, sous sa protection et donnez-moi un cœur de fils pour l'honorer; et vous, ô Marie, souvenez-vous que votre Fils étant sur l'arbre de la Croix vous a recommandé mon âme, montrez-lui que vous êtes une bonne mère, et que vous prenez soin de son salut.

---

5 Sainte Irène

Ô Jésus qui, par un excès d'amour, avez bien voulu être délaissé de votre Père de peur d'abandonner les pécheurs, ne me laissez point, je vous prie, à l'heure de ma mort, lorsque tout le monde m'abandonnera; vous êtes mon unique refuge, cachez-moi dans vos plaies, et faites que j'y trouve ma consolation et mon salut.

6 Saint Guillaume du Danemark

Ô Jésus qui avez voulu être abreuvé de fiel et de vinaigre, je vous supplie, par la brûlante soif que vous avez eue de la gloire de votre Père et de ma perfection, de réparer toutes mes froideurs passées, d'allumer en mon cœur un ardent désir de vous servir et de vous glorifier éternellement.

---

7 Saint Hégésippe

Ô Jésus qui avez entièrement accompli toutes les volontés de votre Père céleste, et consommé par votre mort l'ouvrage de notre rédemption, faites-moi la grâce de consommer et d'accomplir parfaitement, avant que je meure, tous les desseins que vous avez sur moi, pour votre gloire et pour mon bien.

---

8 Saint Denis

évêque de Corinthe

Ô Jésus qui avez remis votre esprit entre les mains de votre Père avant que d'expirer, je vous supplie de recevoir le mien entre les bras de votre miséricorde au dernier soupir de ma vie ; cachez-le dans le tabernacle de votre cœur amoureux, à ce redoutable moment; mettez-le à couvert dans ce divin sanctuaire; faites éclater sur moi les merveilles de votre grâce; gardez-moi comme la prunelle de vos yeux; couvrez-moi de l'ombre de vos ailes.

Avril

---

9 **Sainte Marie de Cléophas**

Qu'on ne s'imagine pas que Jésus, pour être maintenant triomphant et glorieux, en soit moins doux et condescendant; au contraire, sa gloire perfectionne en quelque manière sa douceur; il n'a pas tant de désir de paraître que de pardonner, d'étaler les richesses de sa gloire que celles de sa miséricorde.

---

10 **Saint Ézéchiel**

Prophète

Il s'est trouvé quelquefois des amis qui sont morts pour leurs amis; mais trouvera-t-on jamais autre que le Fils de Dieu qui soit mort pour son ennemi?

---

11 **Saint Léon Ier**

pape, confesseur et docteur

Jésus-Christ a fait paraître l'amour qu'il nous porte en mourant pour nous, alors même que nous étions encore pécheurs et par conséquent ses ennemis.

---

12 **Saint Jules Ier**

pape

Notre bon Jésus a plus souffert que tous les martyrs ensemble, tant ceux qui seront jusqu'à la fin du monde que ceux qui ont été. Si donc la moindre douleur du Fils de Dieu est plus estimable et doit nous toucher plus sensiblement que si tous les anges et les hommes étaient morts et anéantis pour nous, quels doivent être notre douleur, notre reconnaissance et notre amour pour lui, puisqu'il a souffert pour nous tout ce qu'on peut souffrir, et avec une affection extrême, sans y être obligé !

---

13 **Saint Herménégilde**

roi et martyr

Le Père éternel proposa à son Fils, au moment de son incarnation, le choix de sauver le monde par les plaisirs ou par les afflictions, par les honneurs ou par les mépris, par les richesses ou par la pauvreté, par la vie ou par la mort ; en sorte qu'il eût pu, s'il eût voulu, avec la joie, les délices, les plaisirs et les honneurs et les richesses, glorieux et triomphant, racheter les hommes et les mener avec soi en paradis. Mais il choisit plutôt les maux et la Croix, pour rendre à Dieu son Père plus de gloire et aux hommes un témoignage d'un plus grand amour.

---

14 — Saint Justin

martyr

La sainte Église fait dire avec vérité tous les jours : « Le monde ne connaît point Jésus-Christ » (Jn 1, 10), la Sagesse incarnée ; et, à parler sainement, connaître ce que Notre Seigneur a enduré pour nous et ne point l'aimer ardemment, comme le monde fait, est une chose moralement impossible.

---

15 — Sainte Anastasie de Rome

martyre

Seigneur, votre divine loi est transgressée, votre Évangile est abandonné, les torrents d'iniquité inondent toute la terre et entraînent jusqu'à vos serviteurs, toute la terre est désolée, l'impiété est sur le trône, votre sanctuaire est profané et l'abomination est jusque dans le lieu saint. Tout deviendra-t-il à la fin comme Sodome et Gomorrhe ? Ah ! Permettez-moi de crier partout : « Au feu, au feu, au feu ! À l'aide, à l'aide, à l'aide ! Au feu dans la maison de Dieu, au feu dans les âmes, au feu jusque dans le sanctuaire! À l'aide de notre frère qu'on assassine, à l'aide de nos enfants qu'on égorge, à l'aide de notre bon père qu'on poignarde! Seigneur, levez-vous! Pourquoi semblez-vous dormir?»

---

16 **Saint Benoît-Joseph Labre**
confesseur

Sur la fin du monde, il y aura de grandes inimitiés entre la bienheureuse postérité de Marie et la race maudite de Satan. Mais c'est une inimitié toute divine et la seule dont vous soyez l'auteur: «Je poserai des inimitiés» (Gn 3, 15). Mais ces combats et ces persécutions, que les enfants et la race de Bélial livreront à la race de votre sainte mère, ne serviront qu'à faire davantage éclater la puissance de votre grâce, le courage de leur vertu et l'autorité de votre mère, puisque vous lui avez dès le commencement du monde donné la commission d'écraser cet orgueilleux par l'humilité de son cœur et de son talon: «Elle-même t'écrasera la tête!» (*Ibid.*)

---

17 **Saint Anicet Ier**
pape et martyr

Souvenez-vous donc d'aimer ardemment Jésus-Christ et de l'aimer par Marie, de faire éclater partout et devant tous votre dévotion véritable à la très sainte Vierge, notre bonne mère, afin d'être partout la bonne odeur de Jésus-Christ, afin de porter constamment votre croix à la suite de ce bon maître et de gagner la couronne et le royaume qui vous attend.

18

Saint Parfait
martyr

Ne manquez point à accomplir et pratiquer fidèlement vos promesses de baptême et les pratiques, et à dire tous les jours votre chapelet en public ou en particulier, à fréquenter les sacrements, au moins tous les mois.

19

Saint Léon IX
pape

Je porte en mon cœur tous les pauvres pécheurs qui se damnent malheureusement. Leur âme est si chère à mon Dieu qu'il a donné tout son sang pour elle, et je ne donnerais rien ?... Ah ! Il n'y a qu'un païen ou un mauvais chrétien qui n'est point touché de la perte immense de ces trésors infinis, les âmes rachetées par Jésus-Christ.

20 Saint Théotime

évêque

Quand la Sagesse se communique à une âme, elle lui donne tous les dons du Saint-Esprit et toutes les grandes vertus dans un degré éminent, savoir : les vertus théologales – une foi vive, une espérance ferme, une charité ardente – ; les vertus cardinales – une tempérance réglée, une prudence consommée, une justice parfaite et une force invincible – ; les vertus morales – une religion parfaite, une humilité profonde, une douceur charmante, une obéissance aveugle, un détachement universel, une mortification continuelle, une oraison sublimée, etc.

---

21 Saint Anselme

évêque, confesseur et docteur

Le docte et le pieux Suarez, de la Compagnie de Jésus, et d'autres, ont prouvé invinciblement, en conséquence des sentiments de saints Pères, entre saint Augustin, saint Anselme, saint Bernard, saint Bernardin, saint Thomas et saint Bonaventure, que la dévotion à la très sainte Vierge est nécessaire au salut et que c'est une marque infaillible de réprobation de n'avoir pas de l'estime et de l'amour pour la sainte Vierge, et qu'au contraire, c'est une marque infaillible de prédestination de lui être entièrement et véritablement dévoué ou dévot.

22 Saints Soter et Caius

papes et martyrs

Je ne crois pas qu'une personne puisse acquérir une union intime avec Notre-Seigneur et une parfaite fidélité au Saint-Esprit, sans une très grande union avec la très sainte Vierge et une grande dépendance de son secours.

---

23 Saint Georges

martyr

C'est Marie seule à qui Dieu a donné les clefs des celliers du divin amour, et le pouvoir d'entrer dans les voies les plus sublimes et les plus secrètes de la perfection, et d'y faire entrer les autres. C'est Marie seule qui donne l'entrée dans le paradis terrestre aux misérables enfants d'Ève l'infidèle (…). Ou plutôt, comme elle est elle-même ce paradis terrestre, ou cette terre vierge et bénite dont Adam et Ève les pécheurs ont été chassés, elle ne donne entrée chez elle qu'à ceux et celle qu'il lui plaît pour les faire devenir saints.

24 **Saint Fidèle de Sigmaringen**

martyr

À la fin du monde, les plus grands saints, les âmes les plus riches en grâces et en vertus, seront les plus assidus à prier la très sainte Vierge et à l'avoir toujours présente comme leur parfait modèle pour l'imiter, et leur aide puissante pour les secourir (...). Le Très-Haut avec sa sainte mère doivent se former de grands saints qui surpasseront autant en sainteté la plupart des autres saints, que les cèdres du Liban surpassent les petits arbrisseaux.

---

25 **Saint Marc**

évangéliste

C'est principalement de ces dernières et cruelles persécutions du diable qui augmenteront tous les jours jusqu'au règne de l'Antéchrist, qu'on doit entendre cette première et célèbre prédiction et malédiction de Dieu, portée dans le paradis terrestre contre le serpent : « Je mettrai des inimitiés entre toi et la femme, et ta race et la sienne ; elle-même t'écrasera la tête, et tu mettras des embûches à son talon » (Gn 3, 15).

Avril

26 Saints Clet et Marcellin

papes et martyrs

Jamais Dieu n'a fait et formé qu'une inimitié, mais irréconciliable, qui durera et augmentera même jusques à la fin : c'est entre Marie, sa digne mère, et le diable, entre les enfants et serviteurs de la sainte Vierge, et les enfants et suppôts de Lucifer ; en sorte que la plus terrible des ennemis que Dieu ait faits contre le diable est Marie, sa sainte mère.

---

27 Saint Pierre Canisius

confesseur et docteur

Non seulement Dieu a mis une inimitié, mais des inimitiés, non seulement entre Marie et le démon, mais entre la race de la sainte Vierge et la race du démon ; c'est-à-dire que Dieu a mis des inimitiés, des antipathies et haines secrètes entre les vrais enfants et serviteurs de la sainte Vierge et les enfants et esclaves du diable ; ils ne s'aiment point mutuellement, ils n'ont point de correspondance intérieure les uns avec les autres ; les enfants de Bélial, les esclaves de Satan, les amis du monde (car c'est la même chose), ont toujours persécuté jusqu'ici et persécuteront plus que jamais ceux et celles qui appartiennent à la très sainte Vierge (...). Mais le pouvoir de Marie sur tous les diables éclatera particulièrement dans les derniers temps, où Satan mettra des embûches à son talon, c'est-à-dire à ses humbles esclaves et à ses pauvres enfants qu'elle suscitera pour lui faire la guerre.

---

28 **Saint Louis-Marie Grignion de Montfort**, *confesseur*

Avril

C'est par Marie que je cherche et que je trouverai Jésus, que j'écraserai la tête du serpent et vaincrai tous mes ennemis et moi-même, pour la plus grande gloire de Dieu.

---

29 **Saint Pierre de Vérone** *martyr*

Ces trois premières paroles: «*Credo in Deum*», «je crois en Dieu», renfermant les actes des trois vertus théologales: la foi, l'espérance et la charité, ont une efficace merveilleuse pour sanctifier l'âme et terrasser le démon. C'est avec ces paroles que plusieurs saints ont vaincu les tentations, particulièrement celles qui sont contre la foi, l'espérance ou la charité, soit pendant la vie, soit à l'heure de la mort. Ce furent les dernières paroles que saint Pierre le martyr écrivit le mieux qu'il put avec le doigt sur le sable, lorsqu'ayant la tête fendue en deux par un coup de sabre qu'un hérétique lui donna, il était près d'expirer.

30 Sainte Catherine de Sienne

vierge

Si le Ciel vous présente, comme à sainte Catherine de Sienne, une couronne d'épines et une couronne de roses, choisissez avec elle la couronne d'épines, sans balancer, et vous l'enfoncez dans la tête, pour ressembler à Jésus-Christ.

Mai

Consacré à la sainte Vierge

Mai

1er — Saint Joseph

artisan

C'est par la très sainte Vierge Marie que Jésus-Christ est venu au monde et c'est aussi par elle qu'il doit régner dans le monde. C'est par Marie que le salut du monde a commencé et c'est aussi par elle qu'il doit être consommé.

---

2 — Saint Athanase

évêque, confesseur et docteur

Plus vous gagnerez la bienveillance de Marie, cette auguste princesse et Vierge fidèle, plus vous aurez de pure foi dans toute votre conduite ; une foi pure, une foi vive et animée, une foi ferme et inébranlable, une foi agissante et perçante, une foi courageuse qui vous fera entreprendre de grandes choses pour Dieu et le salut des âmes.

3 Saint Alexandre Ier

pape et martyr

La Croix du calvaire, cette divine et adorable Croix, a été teinte et empourprée du sang d'un Dieu, choisie pour être, de toutes les créatures, la seule épouse de son cœur, le seul objet de ses désirs, le seul centre de toutes ses prétentions, la seule fin de ses travaux, la seule arme de son bras, le seul sceptre de son empire, la seule couronne de sa gloire et la seule compagne de son jugement.

Mai

---

4 Sainte Monique

veuve

Ce que Lucifer a perdu par orgueil, Marie l'a gagné par humilité; ce qu'Ève a damné et perdu par désobéissance, Marie l'a sauvé par obéissance. Ève, en obéissant au serpent, a perdu tous ses enfants avec elle et les lui a livrés; Marie, s'étant rendue parfaitement fidèle à Dieu, a sauvé tous ses enfants et serviteurs avec elle, et les a consacrés à sa Majesté.

---

5 Saint Pie V

pape et confesseur

Si nous établissons la solide dévotion de la très sainte Vierge, ce n'est que pour établir plus parfaitement celle de Jésus-Christ, ce n'est que pour donner un moyen aisé et assuré pour trouver Jésus-Christ. Si la dévotion à la sainte Vierge éloignait de Jésus-Christ, il faudrait la rejeter comme une illusion du diable; mais tant s'en faut qu'au contraire: cette dévotion ne nous est nécessaire que pour trouver Jésus-Christ parfaitement et l'aimer tendrement et le servir fidèlement.

---

6 **Saint Dominique Savio**

confesseur

Il est d'une très grande importance, pour acquérir la perfection, qui ne s'acquiert que par l'union à Jésus-Christ, de nous vider de ce qu'il y a de mauvais en nous; autrement, Notre-Seigneur, qui est infiniment pur et qui hait infiniment la moindre souillure dans l'âme, nous rejettera de devant ses yeux et ne s'unira point à nous.

---

7 **Saint Stanislas**

évêque et martyr

Pour nous vider de nous-mêmes, il faut bien connaître, par la lumière du Saint-Esprit, notre mauvais fond, notre incapacité à tout bien utile au salut, notre faiblesse en toute chose, notre inconstance en tout temps, notre indignité de toute grâce, et notre iniquité en tout lieu.

---

8 **Apparition de saint Michel au Mont-Gargan**

Nous n'avons pour partage que l'orgueil et l'aveuglement dans l'esprit, l'endurcissement dans le cœur, la faiblesse et l'inconstance dans l'âme, la concupiscence, les passions révoltées et les maladies dans le corps. Nous sommes naturellement plus orgueilleux que des paons, plus attachés à la terre que des crapauds, plus vilains que des boucs, plus envieux que des serpents, plus gourmands que des cochons, plus colères que des tigres et plus paresseux que des tortues, plus faibles que des roseaux, et plus inconstants que des girouettes. Nous n'avons dans notre fond que le néant et le péché, et nous ne méritons que l'ire de Dieu et l'enfer éternel.

---

9 **Saint Grégoire de Nazianze**

évêque, confesseur et docteur

Faut-il s'étonner si Notre-Seigneur a dit que celui qui voulait le suivre devait renoncer à soi-même et haïr son âme; que celui qui aimerait sa vie la perdrait et que celui qui la haïrait la sauverait ? Cette Sagesse infinie, qui ne donne pas des commandements sans raison, ne nous ordonne de nous haïr nous-mêmes que parce que nous sommes grandement dignes de haine : rien de si digne d'amour que Dieu, rien de si digne de haine que nous-mêmes.

---

10 **Saint Antonin**

évêque et confesseur

Pour nous vider de nous-mêmes, il faut tous les jours mourir à nous-mêmes : c'est-à-dire qu'il faut renoncer aux opérations des puissances de notre âme et des sens du corps, qu'il faut voir comme si on ne voyait point, entendre comme si on n'entendait point, se servir des choses de ce monde comme si on ne s'en servait point, ce que saint Paul appelle « mourir tous les jours » ! Si le grain de froment tombant en terre ne meurt, il demeure terre et ne produit point de fruit qui soit bon.

---

11 **Saints Philippe et Jacques**

Apôtres

Comme il y a des secrets de nature pour faire en peu de temps, à peu de frais et avec facilité certaines opérations naturelles, de même il y a des secrets dans l'ordre de la grâce pour faire en peu de temps, avec douceur et facilité, des opérations surnaturelles : se vider de soi-même, se remplir de Dieu et devenir parfait.

---

12 **Saints Nérée Achille, Domitille et Pancrace**

Il est plus parfait, parce qu'il est plus humble, de n'approcher pas de Dieu par nous-mêmes, sans prendre un médiateur (...). Ce n'est pas sans raison que Dieu nous a donné des médiateurs auprès de sa Majesté : il a vu notre indignité et incapacité, il a eu pitié de nous et, pour nous donner accès à ses miséricordes, il nous a pourvus des intercesseurs puissants auprès de sa grandeur ; en sorte que négliger ces médiateurs et s'approcher directement de sa sainteté, c'est manquer de respect envers un Dieu si haut et si saint.

---

13 **Saint Robert Bellarmin**

évêque, confesseur et docteur

Notre-Seigneur est notre avocat et notre médiateur de rédemption auprès de Dieu le Père ; c'est par lui que nous devons prier avec toute l'Église triomphante et militante ; c'est par lui que nous avons accès auprès de sa majesté, et nous ne devons jamais paraître devant lui qu'appuyés et revêtus de ses mérites.

14 Saint Michel Garicoïts

confesseur

Mais n'avons-nous point besoin d'un médiateur auprès du Médiateur même qui est Jésus-Christ ? Notre pureté est-elle assez grande pour nous unir directement à lui et par nous-mêmes ? N'est-il pas Dieu, en toutes choses égal à son Père, et par conséquent le Saint des saints, aussi digne de respect que son Père ? Si, par sa charité infinie, il s'est fait notre caution et notre médiateur auprès de Dieu son Père, pour l'apaiser et lui payer ce que nous lui devions, faut-il pour cela que nous ayons moins de respect et de crainte pour sa majesté et sa sainteté ? Disons donc hardiment, avec saint Bernard, que nous avons besoin d'un médiateur auprès du Médiateur même, et que la divine Marie est celle qui est la plus capable de remplir cet office charitable ; c'est par elle que Jésus-Christ nous est venu et c'est par elle que nous devons aller à lui.

---

15 Saint Jean-Baptiste de la Salle

confesseur

Si nous craignons d'aller directement à Jésus-Christ, ou à cause de sa grandeur infinie, ou à cause de notre bassesse, ou à cause de nos péchés, implorons hardiment l'aide et l'intercession de Marie notre mère : elle est bonne, elle est tendre ; il n'y a en elle rien d'austère ni de rebutant, rien de trop sublime et de trop brillant ; en la voyant, nous voyons notre pure nature. Elle n'est pas le soleil qui, par la vivacité de ses rayons, pourrait nous éblouir à cause de notre faiblesse ; mais elle est belle et douce comme la lune, qui reçoit la lumière du soleil et la tempère pour la rendre conforme à notre petite portée. Elle est si charitable qu'elle ne rebute personne de ceux qui demandent son intercession, quelque pécheurs qu'ils soient ; car, comme disent les saints, il n'a jamais été ouï dire, depuis que le monde est monde, qu'aucun ait eu recours à la sainte Vierge avec confiance et persévérance, et en ait été rebuté.

---

16 **Saint Ubald**

évêque et confesseur

Nous avons trois degrés à monter pour aller à Dieu : le premier, qui est le plus proche de nous et le plus conforme à notre capacité, est Marie ; le second est Jésus-Christ ; et le troisième est Dieu le Père. Pour aller à Jésus, il faut aller à Marie, c'est notre médiatrice d'intercession ;

pour aller au Père éternel, il faut aller à Jésus, c'est notre médiateur de rédemption.

---

17 **Saint Pascal Baylon**

confesseur

Le monde est maintenant si corrompu que c'est une espèce de miracle quand une personne demeure ferme, au milieu de ce torrent impétueux sans être entraînée, au milieu de cette mer orageuse sans être submergée, au milieu de cet air empesté sans en être endommagée ; c'est la Vierge uniquement fidèle, dans laquelle le Serpent n'a jamais eu de part, qui fait ce miracle à l'égard de ceux et celles qui l'aiment de la belle manière.

---

18 **Saint Venant**

martyr

Il y a plus que jamais de fausses dévotions à la sainte Vierge, qu'il est facile de prendre pour de véritables dévotions. Le diable, comme un faux-monnayeur et un trompeur fin et expérimenté, a déjà tant trompé et damné d'âmes par une fausse dévotion à la très sainte Vierge qu'il se sert tous les jours de son expérience diabolique pour en damner beaucoup d'autres en les amusant et endormant dans le péché sous prétexte de quelques prières mal dites et de quelques pratiques extérieures qu'il leur inspire.

---

19 Saint Pierre Célestin

pape et confesseur

Comme un faux-monnayeur ne contrefait ordinairement que l'or et l'argent et fort rarement les autres métaux parce qu'ils n'en valent pas la peine, ainsi l'esprit malin ne contrefait pas tant les autres dévotions que celles de Jésus et de Marie, la dévotion à la sainte communion et la dévotion à la sainte Vierge, parce qu'elles sont, parmi les autres dévotions, ce que sont l'or et l'argent parmi les métaux.

---

20 Saint Bernardin de Sienne

confesseur

Il est très important de connaître:

1° les fausses dévotions à la très sainte Vierge pour les éviter, et la véritable pour l'embrasser;

2° parmi tant de pratiques différentes de la vraie dévotion à la sainte Vierge, quelle est la plus parfaite, la plus agréable à la sainte Vierge, la plus glorieuse à Dieu, la plus utile au prochain et la plus sanctifiante pour nous, afin de nous y attacher.

21

Saint Valens
évêque et martyr

Peut-on dire avec vérité qu'on aime et qu'on honore la sainte Vierge lorsque, par ses péchés, on pique, on perce, on crucifie et on outrage impitoyablement Jésus-Christ son Fils ? Si Marie se faisait une loi de sauver par sa miséricorde ces sortes de gens, elle autoriserait le crime, elle aiderait à crucifier et outrager son Fils. Qui l'oserait jamais penser ?

22

Sainte Rita
veuve

Pour être vraiment dévot à la sainte Vierge, il n'est pas absolument nécessaire d'être si saint qu'on évite tout péché, quoiqu'il fût à souhaiter. Mais il faut du moins (qu'on remarque bien ce que je vais dire) :

1° être dans une sincère résolution d'éviter au moins tout péché mortel, qui outrage la mère aussi bien que le Fils ;

2° se faire violence pour éviter le péché véniel ;

3° se mettre des confréries, réciter le chapelet, le saint rosaire ou autres prières, jeûner le samedi, etc.

Mai

23

Saint Didier
évêque

Prenons bien garde d'être du nombre :

– des dévots *critiques*, qui ne croient rien et critiquent tout ;

– des dévots *scrupuleux*, qui craignent d'être trop dévots à la sainte Vierge, par respect à Jésus-Christ ;

– des dévots *extérieurs*, qui font consister toute leur dévotion en des pratiques extérieures ;

– des dévots *présomptueux*, qui, sous prétexte de leur fausse dévotion à la sainte Vierge, croupissent dans leurs péchés ;

– des dévots *inconstants*, qui, par légèreté, changent leurs pratiques de dévotion, ou les quittent tout à fait à la moindre tentation ;

– des dévots *hypocrites*, qui se mettent des confréries et portent les livrées de la sainte Vierge afin de passer pour bons ;

– et enfin des dévots *intéressés*, qui n'ont recours à la sainte Vierge que pour être délivrés des maux du corps ou obtenir des biens temporels.

24

Notre-Dame Auxiliatrice

La vraie dévotion à la sainte Vierge est intérieure, c'est-à-dire : elle part de l'esprit et du cœur, elle vient de l'estime qu'on fait de la sainte Vierge, de la haute idée qu'on s'est formée de ses grandeurs, de l'amour qu'on lui porte.

---

25 **Saint Grégoire VII**

pape et confesseur

La vraie dévotion à la sainte Vierge est tendre, c'est-à-dire pleine de confiance en la très sainte Vierge, comme d'un enfant dans sa bonne mère. Elle fait qu'une âme recourt à elle en tous ses besoins de corps et d'esprit, avec beaucoup de simplicité, de confiance et de tendresse ; elle implore l'aide de sa bonne mère en tout temps, en tout lieu et en toute chose :

– dans ses doutes, pour être redressée ;

– dans ses tentations, pour être soutenue ;

– dans ses faiblesses, pour être fortifiée ;

– dans ses chutes, pour être relevée ;

– dans ses découragements, pour être encouragée ;

– dans ses scrupules, pour en être ôtée ;

– dans ses croix, travaux et traverses de la vie, pour être consolée.

Enfin, en tous ses maux de corps et d'esprit, Marie est son recours ordinaire, sans crainte d'importuner cette bonne mère et de déplaire à Jésus-Christ.

26 **Saint Philippe Néri**

confesseur

La vraie dévotion à la sainte Vierge est sainte, c'est-à-dire qu'elle porte une âme à éviter le péché et imiter les vertus de la très sainte Vierge, particulièrement son humilité profonde, sa foi vive, son obéissance aveugle, son oraison continuelle, sa mortification universelle, sa pureté divine, sa charité ardente, sa patience héroïque, sa douceur angélique et sa sagesse divine. Ce sont les dix principales vertus de la très sainte Vierge.

---

27 **Saint Bède le Vénérable**

confesseur et docteur

La vraie dévotion à la sainte Vierge est constante, elle affermit une âme dans le bien, et elle la porte à ne pas quitter facilement ses pratiques de dévotion ; elle la rend courageuse à s'opposer au monde, dans ses modes et maximes ; à la chair, dans ses ennuis et ses passions ; au diable, dans ses tentations ; en sorte qu'une personne vraiment dévote à la sainte Vierge n'est point changeante, chagrine, scrupuleuse ni craintive. Si elle devient sans goût ni dévotion sensible, elle ne s'en met point en peine : car le juste et le dévot fidèle de Marie vit de la foi de Jésus et de Marie, et non des sentiments du corps.

28 Saint Augustin de Cantorbéry

évêque et confesseur

La vraie dévotion à la sainte Vierge est désintéressée, c'est-à-dire qu'elle inspire à une âme de ne se point rechercher, mais Dieu seul dans sa sainte mère. Il n'aime pas Marie précisément parce qu'elle lui fait du bien, ou qu'il en espère d'elle, mais parce qu'elle est aimable. C'est pourquoi il l'aime et la sert aussi fidèlement dans les dégoûts et sécheresses que dans les douceurs et ferveurs sensibles; il l'aime autant sur le calvaire qu'aux noces de Cana.

---

29 Sainte Marie-Madeleine de Pazzi

vierge

Puisque Dieu est partout, on peut le trouver partout, jusque dans les enfers; mais il n'y a point de lieu où la créature puisse le trouver plus proche d'elle et plus proportionné à sa faiblesse qu'en Marie, puisque c'est pour cet effet qu'il y est descendu. Partout ailleurs, il est le Pain des forts et des anges; mais, en Marie, il est le Pain des enfants...

---

30 Saint Félix

pape et martyr

Quand on a une fois trouvé Marie, et, par Marie, Jésus, et par Jésus, Dieu le Père, on a trouvé tout bien, disent les saintes âmes. Qui dit « tout » n'excepte rien : toute grâce et toute amitié auprès de Dieu ; toute sûreté contre les ennemis de Dieu ; toute vérité contre le mensonge ; toute facilité et toute victoire contre les difficultés du salut ; toute douceur et toute joie dans les amertumes de la vie.

---

31 **Sainte Marie Reine**

Marie est la reine du Ciel et de la terre par grâce, comme Jésus en est le roi par nature et par conquête. Or, comme le royaume de Jésus-Christ consiste principalement dans le cœur ou l'intérieur de l'homme, selon cette parole : « Le royaume de Dieu est au-dedans de vous », de même le royaume de la très sainte Vierge est principalement dans l'intérieur de l'homme, c'est-à-dire dans son âme, et c'est principalement dans les âmes qu'elle est plus glorifiée avec son Fils que dans toutes les créatures visibles, et nous pouvons l'appeler avec les saints la reine des cœurs.

Juin

Consacré au sacré-cœur de Jésus

1er Sainte Angèle Mérici

vierge

Si la Sagesse éternelle incarnée, Jésus-Christ, ne se cache pas sous l'éclat d'un diamant ou autre pierre précieuse, c'est qu'elle ne veut pas seulement demeurer extérieurement avec l'homme; mais elle se cache sous l'apparence d'un petit morceau de pain, qui est la nourriture propre à l'homme, afin que, étant mangée par l'homme, elle entre jusqu'en son cœur pour y prendre ses délices.

---

2 Sainte Blandine

vierge et martyre

Jésus-Christ notre Sauveur, vrai Dieu et vrai homme, doit être la fin dernière de toutes nos autres dévotions: autrement elles seraient fausses et trompeuses. Jésus-Christ est l'alpha et l'oméga, le commencement et la fin de toutes choses. Nous ne travaillons, comme dit l'Apôtre, que pour rendre tout homme parfait en Jésus-Christ (Eph 4, 13), parce que c'est en lui seul qu'habitent toute la plénitude de la divinité et toutes les autres plénitudes de grâces, de vertus et de perfections ; parce que c'est en lui seul que nous avons été bénis de toute bénédiction spirituelle.

---

3 **Sainte Clotilde**

reine

Juin

Jésus-Christ est notre unique maître qui doit nous enseigner, notre unique Seigneur de qui nous devons dépendre, notre unique chef auquel nous devons être unis, notre unique modèle auquel nous devons nous conformer, notre unique pasteur qui doit nous nourrir, notre unique voie qui doit nous conduire, notre unique vérité que nous devons croire, notre unique vie qui doit nous vivifier, et notre unique tout en toutes choses qui doit nous suffire.

---

4 **Saint François Caracciolo**

confesseur

Il n'a point été donné d'autre nom sous le Ciel, que le nom de Jésus, par lequel nous devions être sauvés (Act 4, 12). Dieu ne nous a point mis d'autre fondement de notre salut, de notre perfection et de notre gloire, que Jésus-Christ : tout édifice qui n'est pas posé sur cette pierre ferme est fondé sur le sable mouvant et tombera infailliblement tôt ou tard. Tout fidèle qui n'est pas uni à lui comme une branche au cep de la vigne, tombera, séchera et ne sera propre qu'à être jeté au feu.

5

Saint Boniface

évêque et martyr

Si nous sommes en Jésus-Christ et Jésus-Christ en nous, nous n'avons point de damnation à craindre : ni les anges des Cieux, ni les hommes de la terre, ni les démons des enfers, ni aucune autre créature ne nous peut nuire, parce qu'elle ne nous peut séparer de la charité de Dieu qui est en Jésus-Christ. Par Jésus-Christ, avec Jésus-Christ, en Jésus-Christ, nous pouvons toutes choses : rendre tout honneur et toute gloire au Père, en l'unité du Saint-Esprit ; nous rendre parfaits et être à notre prochain une bonne odeur de vie éternelle.

6

Saint Claude

La plupart des chrétiens, même des plus savants, ne savent pas la liaison nécessaire qui est entre vous et votre sainte mère, ô Jésus ! Elle est tellement transformée en vous par la grâce qu'elle ne vit plus, qu'elle n'est plus ; c'est vous seul, mon

Jésus, qui vivez et régnez en elle (...). Elle vous est si intimement unie qu'on séparerait plutôt la lumière du soleil, la chaleur du feu.

---

7 Saint Antoine-Marie Gianelli

Avant le baptême, nous étions au diable comme ses esclaves; le baptême nous a rendus les véritables esclaves de Jésus-Christ, qui ne doivent vivre, travailler et mourir que pour fructifier pour ce Dieu homme, le glorifier en notre corps et le faire régner en notre âme, parce que nous sommes sa conquête, son peuple acquis et son héritage.

---

8 Saint Maximin

évêque d'Aix-en-Provence

C'est dans le sein de Marie que les jeunes gens deviennent des vieillards en lumière, en sainteté, en expérience et en sagesse, et qu'on parvient en peu d'années jusqu'à la plénitude de l'âge de Jésus-Christ.

---

9 Saints Prime et Félicien

martyrs

Je dis que nous devons être à Jésus-Christ et le servir, non seulement comme des serviteurs mercenaires, mais comme des esclaves amoureux qui, par un effet d'un grand amour, se donnent et se livrent à le servir en qualité d'esclaves, pour l'honneur seul de lui appartenir. Avant le baptême, nous étions esclaves du diable ; le baptême nous a rendus esclaves de Jésus-Christ : ou il faut que les chrétiens soient esclaves du diable, ou esclaves de Jésus-Christ.

---

10 **Sainte Marguerite**

reine d'Écosse et veuve

Ce que je dis absolument de Jésus-Christ, je le dis relativement de la sainte Vierge que Jésus-Christ, ayant choisi pour sa compagne indissoluble de sa vie, de sa mort, de sa gloire et de sa puissance au Ciel et sur la terre, lui a donné par grâce, relativement à sa majesté, tous les mêmes droits et privilèges qu'il possède par nature : « Tout ce qui convient à Dieu par nature, convient à Marie par grâce », disent les saints ; en sorte que, selon eux, n'ayant tous deux que la même volonté et la même puissance, ils ont tous les deux les mêmes sujets, serviteurs et esclaves.

---

11 **Saint Barnabé**

Apôtre

La sainte Vierge est le moyen dont Notre-Seigneur s'est servi pour venir à nous ; c'est aussi le moyen dont nous devons nous servir pour aller à lui, car elle n'est pas comme les autres créatures qui, si nous nous attachions à elles, pourraient plutôt nous éloigner de Dieu que de nous en approcher ; mais la plus forte inclination de Marie est de nous unir à Jésus-Christ, son Fils, et la plus forte inclination du Fils est qu'on vienne à lui par sa sainte mère (...). C'est pourquoi les saints Pères et saint Bonaventure après eux, disent que la sainte Vierge est le chemin pour aller à Notre-Seigneur.

---

12 **Saint Jean de Saint-Facond**

confesseur

Toute notre perfection consistant à être conformes, unis et consacrés à Jésus-Christ, la plus parfaite de toutes les dévotions est sans difficulté celle qui nous conforme, unit et consacre le plus parfaitement à Jésus-Christ. Or Marie étant la plus conforme à Jésus-Christ de toutes les créatures, il s'ensuit que, de toutes les dévotions, celle qui consacre et conforme le plus une âme à Notre-Seigneur, est la dévotion à la très sainte Vierge, sa sainte mère, et que plus une âme sera consacrée à Marie, plus elle le sera à Jésus-Christ.

13 Saint Antoine de Padoue

confesseur et docteur

La parfaite consécration à Jésus-Christ n'est autre chose qu'une parfaite et entière consécration de soi-même à la très sainte Vierge ; ou, autrement, une parfaite rénovation des vœux et promesses du saint baptême.

---

14 Saint Basile le Grand

évêque, confesseur et docteur

Je n'ai point connu ni appris de pratique de dévotion envers la sainte Vierge qui exige d'une âme plus de sacrifices pour Dieu, qui la vide plus d'elle-même et de son amour-propre, qui la conserve plus fidèlement dans la grâce, et la grâce en elle, qui l'unisse plus parfaitement et plus facilement à Jésus-Christ, et enfin qui soit plus glorieuse à Dieu, sanctifiante pour l'âme et utile au prochain.

---

15 Saints Guy et Modeste

martyrs

Cette dévotion consiste donc à se donner tout entier à la très sainte Vierge, pour être tout entier à Jésus-Christ par elle. Il faut lui donner :

1° notre corps avec tous ses sens et ses membres ;

2° notre âme avec toutes ses puissances;

3° nos biens extérieurs qu'on appelle de fortune, présents et à venir;

4° nos biens intérieurs et spirituels, qui sont nos mérites, nos vertus et nos bonnes œuvres passées, présentes et futures;

...en deux mots, tout ce que nous avons dans l'ordre de la nature et dans l'ordre de la grâce, et tout ce que nous pourrons avoir à l'avenir dans l'ordre de la nature, de la grâce ou de la gloire, et cela sans aucune réserve, pas même d'un denier, d'un cheveu et de la moindre bonne action, et cela pour toute l'éternité.

---

16 **Saint Jean-François Régis** *confesseur*

Dans cette consécration de nous-mêmes à la très sainte Vierge, nous lui donnons toute la valeur satisfactoire, impétratoire et méritoire, autrement dit les satisfactions et les mérites de toutes nos bonnes œuvres: nous lui donnons nos mérites, nos grâces et nos vertus, non pas pour les communiquer à d'autres (car nos mérites, grâces et vertus sont, à proprement parler, incommunicables; et il n'y a eu que Jésus-Christ qui, en se faisant notre caution auprès de son Père, nous a pu communiquer ses mérites), mais pour nous les conserver, augmenter et embellir ; nous lui donnons nos satisfactions pour les communiquer à qui bon lui semblera, et pour la plus grande gloire de Dieu.

---

17 **Saint Grégoire Barbarigo**

évêque et confesseur

Par cette consécration, on donne à Jésus-Christ, de la manière la plus parfaite, puisque c'est par les mains de Marie, tout ce qu'on peut lui donner, et beaucoup plus que par les autres dévotions, où on lui donne ou une partie de son temps, ou une partie de ses bonnes œuvres, ou une partie de ses satisfactions et mortifications. Ici tout est donné et consacré, jusqu'au droit de disposer de ses biens intérieurs, et les satisfactions qu'on gagne par ses bonnes œuvres de jour en jour.

---

18 **Saint Éphrem**

diacre et confesseur

Une personne qui s'est ainsi volontairement consacrée et sacrifiée à Jésus-Christ par Marie ne peut plus disposer de la valeur d'aucune de ses bonnes actions : tout ce qu'elle souffre, tout ce qu'elle pense, dit et fait de bien, appartient à Marie, afin que celle-ci en dispose selon la volonté de son Fils et à sa plus grande gloire, sans cependant que cette dépendance préjudicie en aucune manière aux obligations de l'état où l'on est pour le présent, et où on pourra être pour l'avenir : par exemple, aux obligations d'un prêtre qui, par office ou autrement, doit appliquer la valeur satisfactoire et impétratoire de la sainte messe à un particulier ; car on ne fait cette offrande que selon l'ordre de Dieu et les devoirs de son état.

---

19 **Sainte Julienne Falconieri**

vierge

Juin

Il s'ensuit qu'on se consacre tout ensemble à la très sainte Vierge et à Jésus-Christ : à la très sainte Vierge comme au moyen parfait que Jésus-Christ a choisi pour s'unir à nous et nous à lui ; et à Notre-Seigneur comme à notre dernière fin, auquel nous devons tout ce que nous sommes, comme à notre Rédempteur et à notre Dieu.

---

20 **Saint Silvère**

pape et martyr

J'ai dit que cette dévotion pouvait fort bien être appelée une parfaite rénovation des vœux ou promesses du saint baptême. Car tout chrétien, avant son baptême, était l'esclave du démon, parce qu'il lui appartenait. Il a, dans son baptême, par sa bouche propre ou par celle de son parrain et de sa marraine, renoncé solennellement à Satan, à ses pompes et à ses œuvres, et a pris Jésus-Christ pour son maître et souverain Seigneur, pour dépendre de lui en qualité d'esclave d'amour. C'est ce qu'on fait par la présente dévotion : on renonce, au démon, au monde, au péché et à soi-même, et on se donne tout entier à Jésus-Christ par les mains de Marie.

---

21 **Saint Louis de Gonzague**

confesseur

Même on fait quelque chose de plus, car, dans le baptême, on parle ordinairement par la bouche d'autrui, savoir par le parrain et la marraine, et on ne se donne à Jésus-Christ [que] par procureur ; mais, dans cette dévotion, c'est par soi-même, c'est volontairement, c'est avec connaissance de cause.

---

22 **Saint Paulin de Nole**

évêque et confesseur

Dans le saint baptême, on ne se donne pas à Jésus-Christ par les mains de Marie, du moins d'une manière expresse, et on ne donne pas à Jésus-Christ la valeur de ses bonnes actions ; mais, par cette dévotion, on se donne expressément à Notre-Seigneur par les mains de Marie, et on lui consacre la valeur de toutes ses actions.

23 Vigile de saint Jean-Baptiste

Comme l'enfant tire toute sa nourriture de sa mère, qui la rend proportionnée à sa faiblesse, de même, les prédestinés tirent toute leur nourriture spirituelle et toute leur force de Marie.

---

24 Nativité de saint Jean-Baptiste

Si nous examinons de près la vie de Jésus-Christ, nous verrons qu'il a voulu commencer ses miracles par Marie. Il a sanctifié saint Jean dans le sein de sa mère sainte Élisabeth, par la parole de Marie ; aussitôt qu'elle eût parlé, Jean fut sanctifié, et c'est son premier et plus grand miracle de grâce. Il changea, aux noces de Cana, l'eau en vin à son humble prière, et c'est son premier miracle de nature. Il a commencé et continué ses miracles par Marie ; et il les continuera jusques à la fin des siècles par Marie.

---

25 Saint Guillaume de Verceil

abbé

L'expérience nous montre que le meilleur moyen pour remédier aux dérèglements des chrétiens est de les faire se ressouvenir des obligations de leur baptême et de leur faire renouveler les vœux qu'ils y ont faits.

---

26 Saints Jean et Paul

martyrs

Dieu le Fils a communiqué à sa mère tout ce qu'il a acquis par sa vie et sa mort, ses mérites infinis et ses vertus admirables, et il l'a faite la trésorière de tout ce que son Père lui a donné en héritage ; c'est par elle qu'il applique ses mérites à ses membres, qu'il communique ses vertus et distribue ses grâces ; c'est son canal mystérieux, c'est son aqueduc, par où il fait passer doucement et abondamment ses miséricordes.

---

27 Notre-Dame du Perpétuel Secours

Quand le Saint-Esprit, son Époux, a trouvé Marie dans une âme, il y vole, il y entre pleinement, il se communique à cette âme abondamment et autant qu'elle donne place à son Épouse ; et une des grandes raisons pourquoi le Saint-Esprit ne fait pas maintenant des merveilles éclatantes dans les âmes, c'est qu'il n'y trouve pas une assez grande union avec sa fidèle et indissoluble Épouse.

28 **Vigile des saints Pierre et Paul**

Un enfant obéissant à Marie, sa mère nourrice et sa directrice éclairée, peut-il s'égarer dans les chemins de l'éternité? «En la suivant», dit saint Bernard, «vous ne vous égarez point.» Ne craignez pas qu'un véritable enfant de Marie soit trompé par le malin et tombe en quelque hérésie formelle. Là où est la conduite de Marie, là ni le malin esprit avec ses illusions, ni les hérétiques avec leurs finesses ne se trouvent.

---

29 **Saints Pierre et Paul**

Apôtres

J'estime moins le don des miracles, par lequel on commande aux démons, on ébranle les éléments, on arrête le soleil, on donne la vie aux morts, que l'honneur des souffrances. Saint Pierre et saint Paul sont plus glorieux dans les cachots, les fers aux pieds, que de s'élever au troisième Ciel, et de recevoir les clefs du paradis.

---

30 **Commémoration de saint Paul**

Apôtre

La Sagesse éternelle (...) est à l'homme qui la possède le principe des plus pures douceurs et consolations. Elle lui donne un goût pour tout ce qui est de Dieu et lui fait perdre le goût des créatures. Elle réjouit son esprit par le brillant de ses lumières ; elle verse en son cœur une joie, une douceur et une paix indicibles, même parmi les amertumes et les tribulations les plus rudes, comme le témoigne saint Paul qui s'écriait : « Je surabonde de joie dans toutes les tribulations » (2 Co 7, 4).

Juillet

Consacré au précieux sang de Jésus

1er Précieux sang de Notre-Seigneur

Je ne crois pas qu'il y ait au monde rien de plus doux pour moi que la croix la plus amère, quand elle est trempée dans le sang de Jésus crucifié et dans le lait de sa divine mère.

---

2 Visitation de la Vierge Marie à sainte Élisabeth

Marie est toute relative à Dieu, et je l'appellerais fort bien la relation de Dieu, qui n'est que par rapport à Dieu ou l'écho de Dieu, qui ne dit et ne répète que Dieu. Si vous dites Marie, elle dit Dieu. Sainte Élisabeth loua Marie et l'appela bienheureuse de ce qu'elle avait cru ; Marie, l'écho fidèle de Dieu, entonna : « *Magnificat anima mea Dominum.* »

3 Saint Irénée

évêque et martyr

Si l'on ne peut concevoir sur la terre d'emploi plus relevé que le service de Dieu ; si le moindre serviteur de Dieu est plus riche, plus puissant et plus noble que tous les rois et les empereurs de la terre, s'ils ne sont pas serviteurs de Dieu ; quelles sont les richesses, la puissance et la dignité du fidèle et parfait serviteur de Dieu, qui sera dévoué à son service, entièrement, sans réserve et autant qu'il le peut être ? Tel est un fidèle et amoureux esclave de Jésus en Marie, qui s'est donné tout entier au service de ce Roi des rois, par les mains de sa sainte mère, et qui n'a rien réservé pour soi-même : tout l'or de la terre et les beautés des cieux ne peuvent pas le payer.

---

4 Saints Osée et Aggée

prophètes

Seigneur, votre divine loi est transgressée, votre Évangile est abandonné, les torrents d'iniquité inondent toute la terre et entraînent jusqu'à vos serviteurs, toute la terre est désolée, l'impiété est sur le trône, votre sanctuaire est profané, et l'abomination est jusque dans le lieu saint. Laisserez-vous tout ainsi à l'abandon, juste Seigneur, Dieu des vengeances ? Tout deviendra-t-il à la fin comme Sodome et Gomorrhe? Vous tairez-vous toujours? Souffrirez-vous toujours? Ne faut-il pas que votre volonté soit faite sur la terre comme dans le Ciel et que votre règne arrive? N'avez-vous pas montré par avance à quelques-uns de vos amis une future rénovation de votre Église?

---

5 Saint Antoine-Marie Zaccaria

confesseur

L'esprit humain se perd lorsqu'il fait une sérieuse réflexion à cette conduite de la Sagesse incarnée, qui n'a pas voulu, quoiqu'elle le pût faire, se donner directement aux hommes, mais par la très sainte Vierge; qui n'a pas voulu venir au monde à l'âge d'un homme parfait, indépendant d'autrui, mais comme un pauvre et petit enfant, dépendant des soins et de l'entretien de sa sainte mère.

---

6 Saint Isaïe

prophète

Qu'on glorifie hautement Dieu en se soumettant à Marie, à l'exemple de Jésus! Ayant devant nos yeux un exemple si visible et si connu de tout le monde, sommes-nous assez insensés pour croire trouver un moyen plus parfait et plus court pour glorifier Dieu que celui de se soumettre à Marie, à l'exemple de son Fils ?

---

7 Saints Cyrille et Méthode

évêques et confesseurs

Dieu, voyant que nous sommes indignes de recevoir ses grâces immédiatement de sa main, dit saint Bernard, il les donne à Marie, afin que nous ayons par elle tout ce qu'il veut nous donner : et il trouve aussi sa gloire à recevoir par les mains de Marie la reconnaissance, le respect et l'amour que nous lui devons pour ses bienfaits. Il est donc très juste que nous imitions cette conduite de Dieu, afin, dit le même saint Bernard, « que la grâce retourne à son auteur par le même canal qu'elle est venue ».

---

8 Sainte Élisabeth du Portugal

reine et veuve

Une âme qui s'élève abaisse Dieu, une âme qui s'humilie élève Dieu. Dieu résiste aux superbes et donne sa grâce aux humbles : si vous vous abaissez, vous croyant indigne de paraître devant lui et de vous approcher de lui, il descend, il s'abaisse pour venir à vous, pour se plaire en vous, et pour vous élever malgré vous ; mais tout le contraire, quand on s'approche hardiment de

Dieu, sans médiateur, Dieu s'enfuit, on ne peut l'atteindre. Oh ! Qu'il aime l'humilité du cœur !

---

9 Sainte Véronique Giuliani

vierge

La très sainte Vierge, qui est une mère de douceur et de miséricorde, et qui ne se laisse jamais vaincre en amour et en libéralité, voyant qu'on se donne tout entier à elle pour l'honorer et la servir (…), se donne aussi tout entière et d'une manière ineffable à celui qui lui donne tout. Elle le fait s'engloutir dans l'abîme de ses grâces ; elle l'orne de ses mérites ; elle l'appuie de sa puissance ; elle l'éclaire de sa lumière ; elle l'embrase de son amour ; elle lui communique ses vertus : son humilité, sa foi, sa pureté, etc. ; elle se rend sa caution, son supplément et son tout envers Jésus.

Juillet

---

10 Les sept frères martyrs

Quand on présente quelque chose à Jésus, par soi même et appuyé sur sa propre industrie et disposition, Jésus examine le présent, et souvent il le rejette à cause de la souillure qu'il contracte par l'amour-propre (…). Mais quand on lui présente quelque chose par les mains pures et virginales de sa bien-aimée, on le prend par son faible, s'il m'est permis d'user de ce terme : il ne considère pas tant la chose qu'on lui donne que sa bonne mère qui la présente ; il ne regarde pas tant d'où vient ce présent que celle par qui il vient.

11

Saint Pie Ier
pape et martyr

Marie, qui n'est jamais rebutée et toujours bien reçue de son Fils, fait recevoir agréablement de sa Majesté tout ce qu'elle lui présente, petit ou grand ; il suffit que Marie le présente pour que Jésus le reçoive et l'agrée. C'est le grand conseil que donnait saint Bernard à ceux et celles qu'il conduisait à la perfection : « Quand vous voudrez offrir quelque chose à Dieu, ayez soin de l'offrir par les mains très agréables et très dignes de Marie, à moins que vous ne vouliez être rejeté. »

12

Saint Jean Gualbert
abbé

On peut, à la vérité, arriver à l'union divine par d'autres chemins ; mais ce sera par beaucoup plus de croix, de morts étranges et avec beaucoup plus de difficultés, que nous ne vaincrons que difficilement. Il faudra passer par des nuits obscures, par des combats et des agonies étranges, par des montagnes escarpées, sur des épines très piquantes et des déserts affreux. Mais par le chemin de Marie, on passe plus doucement et plus tranquillement. On y trouve, à la vérité, de grands combats à donner et de grandes difficultés à vaincre ; mais cette bonne mère et maîtresse se rend si proche et si présente à ses fidèles serviteurs, pour les éclairer dans leurs ténèbres, pour les éclaircir dans leurs doutes, pour les affermir dans leurs craintes, pour les soutenir dans leurs combats et leurs difficultés, qu'en vérité ce chemin virginal pour trouver Jésus-Christ est un chemin de roses et de miel, à vue les autres chemins.

---

13 **Saint Anaclet**

pape et martyr

Les plus fidèles serviteurs de la sainte Vierge, étant ses plus grands favoris, reçoivent d'elle les plus grandes grâces et faveurs du Ciel, qui sont les croix ; mais je soutiens que ce sont aussi ces serviteurs de Marie qui portent ces croix avec plus de facilité, de mérite et de gloire ; et que ce qui arrêterait mille fois un autre ou le ferait tomber, ne les arrête pas une fois et les fait avancer, parce que cette bonne mère, toute pleine de grâce et de l'onction du Saint-Esprit, confit toutes ces croix qu'elle leur taille dans le sucre de sa douceur maternelle et dans l'onction du pur amour : en sorte qu'ils les avalent joyeusement comme des noix confites, quoiqu'elles soient d'elles-mêmes très amères.

---

14 **Saint Bonaventure**

docteur

Tous les jours, d'un bout de la terre à l'autre, dans le plus haut des Cieux, dans le plus profond des abîmes, tout prêche, tout publie l'admirable Marie (...). Tous les anges dans les Cieux lui crient incessamment, comme dit saint Bonaventure : « Sainte, sainte, sainte Marie, mère de Dieu et vierge » ; et lui offrent millions de millions de fois tous les jours la salutation des anges : Ave Maria, etc., en se prosternant devant elle.

---

15 **Saint Henri II**

empereur et confesseur

Je crois qu'une personne qui veut être dévote et vivre pieusement en Jésus-Christ, et par conséquent souffrir persécution et porter tous les jours sa croix, ne portera jamais de grandes croix, ou ne les portera pas joyeusement ni jusqu'à la fin sans une tendre dévotion à la sainte Vierge, qui est la confiture des croix : tout de même qu'une personne ne pourra pas manger sans une grande violence, qui ne sera pas durable, des noix vertes sans être confites dans le sucre.

16 Notre-Dame du Mont-Carmel

La vraie dévotion à la sainte Vierge a plusieurs pratiques extérieures dont voici les principales : s'enrôler dans ses confréries, publier ses louanges, faire des aumônes, jeûnes et mortification d'esprit ou de corps en son honneur ; porter sur soi ses livrées, comme le saint rosaire ou le chapelet, le scapulaire ou la chaînette, réciter avec attention, dévotion et modestie ou le saint rosaire composé de quinze dizaines d'Ave Maria en l'honneur des quinze principaux mystères de Jésus-Christ, ou le chapelet de cinq dizaines, qui est le tiers du rosaire, ou la petite couronne de la sainte Vierge, ou l'office de la sainte Vierge, ou quelques autres prières, hymnes et cantiques de l'Église, ou le Magnificat (...), porter une image ou une petite statue sur soi, comme une arme puissante contre le Malin (...), se consacrer à elle d'une manière spéciale et solennelle.

---

17 Saint Alexis

confesseur

Le Très-Haut est descendu parfaitement et divinement par l'humble Marie jusqu'à nous, sans rien perdre de sa divinité et sainteté ; et c'est par Marie que les très petits doivent monter parfaitement et divinement au Très-Haut sans rien appréhender. L'Incompréhensible s'est laissé comprendre et contenir parfaitement par la petite Marie, sans rien perdre de son immensité ; c'est aussi par la petite Marie que nous devons nous laisser contenir et conduire parfaitement sans aucune réserve. L'Inaccessible s'est approché, s'est uni étroitement, parfaitement et même personnellement à notre humanité par Marie, sans rien perdre de sa majesté ; c'est aussi par Marie que nous devons approcher de Dieu et nous unir à sa Majesté parfaitement et étroitement, sans craindre d'être rebutés.

---

18 — Saint Camille de Lellis

confesseur

Qu'on me fasse un chemin nouveau pour aller à Jésus-Christ, et que ce chemin soit pavé de tous les mérites des bienheureux, orné de toutes leurs vertus héroïques, éclairé et embelli de toutes les lumières et beautés des anges, et que tous les anges et les saints y soient pour y conduire, défendre et soutenir ceux et celles qui y voudront marcher ; en vérité, en vérité, je dis hardiment, et je dis la vérité, que je prendrais préférablement à ce chemin, qui serait si parfait, la voie immaculée de Marie. Voie ou chemin sans aucune tache ni souillure, sans péché originel ni actuel, sans ombres ni ténèbres.

---

19 **Saint Vincent de Paul**

confesseur

Le propre de la sainte Vierge est de nous conduire sûrement à Jésus-Christ, comme le propre de Jésus-Christ est de nous conduire sûrement au Père éternel.

---

20 **Saint Jérôme Émilien**

confesseur

Que les spirituels ne croient pas faussement que Marie leur soit un empêchement pour arriver à l'union divine. Car, serait-il possible que celle qui a trouvé grâce devant Dieu pour tout le monde en général et pour chacun en particulier, fût un empêchement à une âme pour trouver la grande grâce de l'union avec lui ? Serait-il possible que celle qui a été toute pleine et surabondante de grâces, si unie et transformée en Dieu, qu'il a fallu qu'il se soit incarné en elle, empêchât qu'une âme ne fût parfaitement unie à Dieu ? Il est bien vrai que la vue des autres créatures, quoique saintes, pourrait peut-être, en de certains temps, retarder l'union divine ; mais non pas Marie, comme je dirai toujours sans me lasser.

21 Saint Laurent de Brindes

confesseur et docteur

Une raison pour laquelle si peu d'âmes arrivent à la plénitude de l'âge de Jésus-Christ, c'est que Marie qui est, autant que jamais, la mère de Jésus-Christ et l'Épouse féconde du Saint-Esprit, n'est pas assez formée dans leurs cœurs. Qui veut avoir le fruit bien mûr et bien formé doit avoir l'arbre qui le produit ; qui veut avoir le fruit de vie, Jésus-Christ, doit avoir l'arbre de vie, qui est Marie. Qui veut avoir en soi l'opération du Saint-Esprit, doit avoir son Épouse fidèle et indissoluble, la divine Marie, qui le rend fertile et fécond.

---

22 Sainte Marie-Madeleine

pénitente

Ce fut par la douceur de ses paroles que Jésus, la Sagesse incarnée, attira comme avec un appât ses Apôtres à sa suite ; qu'il guérit les malades les plus incurables et qu'il consola les plus affligés. Il ne dit à Marie-Madeleine toute désolée que ce seul mot : « Marie », et il la combla de joie et de douceur.

---

23 Saint Apollinaire

évêque et martyr

Mais qui pourra expliquer la douceur de Jésus envers les pauvres pécheurs ? Avec quelle douceur traitait-il Madeleine la pécheresse, avec quelle douce condescendance convertit-il la Samaritaine, avec quelle miséricorde pardonnait-il à la femme adultère, avec quelle charité allait-il manger chez les pécheurs publics pour les gagner ?

---

24 **Sainte Christine**

vierge et martyre

Soyez persuadé que plus vous regarderez Marie en vos oraisons, contemplations, actions et souffrances, sinon d'une vue distincte et aperçue, du moins d'une vue générale et imperceptible, et plus parfaitement vous trouverez Jésus-Christ qui est toujours avec Marie, grand, puissant, opérant et incompréhensible, et plus que dans le Ciel et en aucune créature de l'univers.

---

25 **Saint Jacques le Majeur**

Apôtre

Bien loin que la divine Marie, toute perdue en Dieu, devienne un obstacle aux parfaits pour arriver à l'union avec Dieu, il n'y a point eu jusqu'ici et il n'y aura jamais de créature qui nous aidera plus efficacement à ce grand ouvrage, soit par les grâces qu'elle nous communiquera à cet effet, personne n'étant rempli de la pensée de

Dieu que par elle, dit un saint; soit par les illusions et tromperies du malin esprit dont elle vous garantira.

---

26 — Sainte Anne

mère de la sainte Vierge

Là où est Marie, là l'esprit malin n'est point; et une des plus infaillibles marques qu'on est conduit par le bon esprit, c'est quand on est bien dévot à Marie, qu'on pense souvent à elle, et qu'on en parle souvent. C'est la pensée d'un saint qui ajoute que, comme la respiration est une marque certaine que le corps n'est pas mort, la fréquente pensée et invocation amoureuse de Marie est une marque certaine que l'âme n'est pas morte par le péché.

---

27 — Saint Pantaléon

martyr

Ma bonne mère et maîtresse, je reconnais que j'ai jusqu'ici plus reçu de grâces de Dieu par votre intercession que je ne mérite, et que ma funeste expérience m'apprend que je porte ce trésor en un vaisseau très fragile et que je suis trop faible et trop misérable pour les conserver en moi-même; de grâce, recevez en dépôt tout ce que je possède, et me le conservez par votre fidélité et votre puissance. Si vous me gardez, je ne perdrai rien ; si vous me soutenez, je ne tomberai point ; si vous me protégez, je suis à couvert de mes ennemis.

---

28 **Saints Nazaire et Celse**

martyrs

La très sainte Vierge est la Vierge fidèle (...). C'est pourquoi un saint la compare à une ancre ferme, qui retient et empêche de faire naufrage dans la mer agitée de ce monde où tant de personnes périssent faute de s'attacher à cette ancre ferme : « Nous attachons, dit-il, les âmes à votre espérance comme à une ancre ferme. » C'est à elle que les saints qui se sont sauvés se sont le plus attachés et ont attaché les autres, afin de persévérer dans la vertu. Heureux donc et mille fois heureux les chrétiens qui, maintenant, s'attachent fidèlement et entièrement à elle comme à une ancre ferme.

---

29 **Sainte Marthe**

vierge

Une même mère ne met pas au monde la tête ou le chef sans les membres, ni les membres, sans la tête, autrement ce serait un monstre de la nature ; de même, dans l'ordre de la grâce, le chef et les membres naissent d'une même mère ; et si un membre du corps mystique de Jésus-Christ, c'est-à-dire un prédestiné, naissait d'une autre mère que Marie qui a produit le chef, ce ne serait pas un prédestiné, ni un membre de Jésus-Christ, mais un monstre dans l'ordre de la grâce.

---

30 **Saints Abdon et Sennen**

martyrs

Sur la fin des temps, et peut-être plus tôt qu'on ne pense, Dieu suscitera de grands hommes remplis du Saint-Esprit et de celui de Marie, par lesquels cette divine souveraine fera de grandes merveilles dans le monde, pour détruire le péché et établir le règne de Jésus-Christ, son Fils, sur celui du monde corrompu.

---

31 **Saint Ignace de Loyola**

confesseur

Et vous, grand Dieu, quoiqu'il y ait tant de gloire, de douceur et de profit à vous servir, quasi personne ne prendra votre parti en main ? Quasi aucun soldat ne se rangera sous vos étendards ? Quasi aucun saint Michel ne s'écriera du milieu de ses frères en zélant votre gloire : « Qui est comme Dieu ? » Ah ! Permettez-moi de crier partout : « Au feu, au feu, au feu ! À l'aide, à l'aide, à l'aide ! Au feu dans la maison de Dieu, au feu dans les âmes, au feu jusque dans le sanctuaire ! À l'aide de notre frère qu'on assassine, à l'aide de nos enfants qu'on égorge, à l'aide de notre bon père qu'on poignarde ! »

Août

Consacré au cœur immaculé de Marie

1er Les sept frères Machabées

martyrs

Les réprouvés n'aiment point la retraite, ni la spiritualité, ni la dévotion intérieure, et ils traitent de petits esprits, de bigots et de sauvages ceux qui sont intérieurs et retirés du monde, et qui travaillent plus au dedans qu'au dehors.

---

2 Saint Alphonse de Liguori

évêque, confesseur et docteur

Les prédestinés sont sédentaires à la maison avec leur mère, c'est-à-dire : ils aiment la retraite, ils sont intérieurs, ils s'appliquent à l'oraison, mais à l'exemple et dans la compagnie de leur mère, la sainte Vierge, dont toute la gloire est au-dedans, et qui, pendant toute sa vie, a aimé la retraite et l'oraison. Il est vrai qu'ils paraissent quelquefois au-dehors dans le monde ; mais c'est par obéissance à la volonté de Dieu et à celle de leur chère mère, pour remplir les devoirs de leur état. Quelques grandes choses en apparence qu'ils fassent au-dehors, ils estiment encore beaucoup plus celles qu'ils font au-dedans d'eux-mêmes, dans leur intérieur, en compagnie de la très sainte Vierge, parce qu'ils y font le grand ouvrage de leur perfection, auprès duquel tous les autres ouvrages ne sont que des jeux d'enfants.

---

3 **Découverte du corps de saint Étienne Ier**, *pape et martyr*

Les prédestinés aiment tendrement et honorent véritablement la très sainte Vierge comme leur bonne mère et maîtresse. Ils l'aiment non seulement de bouche, mais en vérité ; ils l'honorent non seulement à l'extérieur, mais dans le fond du cœur ; ils évitent tout ce qui lui peut déplaire, et pratiquent avec ferveur tout ce qu'ils croient pouvoir leur acquérir sa bienveillance.

---

4 **Saint Dominique** *confesseur*

Voici ce que la très sainte Vierge révéla au bienheureux Alain de La Roche : « Sache, mon fils, et fais-le connaître à tous, qu'un signe probable et prochain de la damnation éternelle est d'avoir de l'aversion, de la tiédeur et de la négligence à dire la Salutation angélique, qui a réparé tout le monde.» Voilà des paroles bien consolantes et bien terribles, qu'on aurait peine à croire si nous n'en avions pour garants ce saint homme et saint Dominique devant lui, et depuis plusieurs grands personnages, avec l'expérience de plusieurs siècles. Car on a toujours remarqué que ceux qui portent la marque de la réprobation, comme tous les hérétiques et impies, orgueilleux et mondains, haïssent ou méprisent l'Ave Maria et le chapelet.

---

5 Dédicace de Sainte-Marie-Majeure

Les prédestinés sont soumis et obéissants à la sainte Vierge, comme à leur bonne mère à l'exemple de Jésus-Christ, qui, des trente-trois ans qu'il a vécu sur terre, en a employé trente à glorifier Dieu son Père, par une parfaite et entière soumission à sa sainte mère. Ils lui obéissent en suivant exactement ses conseils (...) comme les conviés des noces de Cana, auxquels la sainte Vierge dit: «Faites tout ce que mon Fils vous dira» (Jn 2, 5). Les conviés aux noces de Cana, pour avoir suivi le conseil de la sainte Vierge, furent honorés du premier miracle de Jésus-Christ, qui y convertit l'eau en vin, à la prière de sa sainte mère. De même, tous ceux qui, jusqu'à la fin des siècles, recevront la bénédiction du Père céleste et seront honorés des merveilles de Dieu, ne recevront ces grâces qu'en conséquence de leur parfaite obéissance à Marie.

---

6 Transfiguration de Notre-Seigneur

Les prédestinés ont une grande confiance dans la bonté et la puissance de la très sainte Vierge, leur bonne mère; ils réclament sans cesse son secours; ils la regardent comme leur étoile polaire pour arriver à bon port; ils lui découvrent leurs peines et leurs besoins avec beaucoup d'ouverture de cœur (...). Ils se jettent même, se cachent et se perdent d'une manière admirable dans son sein amoureux et virginal pour y être embrasés du pur amour, pour y être purifiés des moindres taches et pour y trouver pleinement Jésus, qui y réside comme dans son plus glorieux trône.

---

7 Saint Gaétan de Thienne

confesseur

Les prédestinés gardent les voies de la sainte Vierge, leur bonne mère, c'est-à-dire: ils l'imitent, et c'est en cela qu'ils sont vraiment heureux et dévots, et qu'ils portent la marque infaillible de leur prédestination, comme leur dit cette bonne mère: « Bienheureux ceux qui pratiquent mes vertus et qui marchent sur les traces de ma vie », avec le secours de la divine grâce. Ils sont heureux dans ce monde, pendant leur vie, par l'abondance des grâces et des douceurs que je leur communique de ma plénitude (...). Ils sont heureux dans leur mort, qui est douce et tranquille, et à laquelle j'assiste ordinairement, pour les conduire moi-même dans les joies de l'éternité; enfin, ils seront heureux dans l'éternité, parce que jamais aucun de mes bons serviteurs, qui a imité mes vertus pendant sa vie, n'a été perdu.

---

8 **Saint Jean-Marie Vianney**

curé d'Ars et confesseur

Mettez, si vous pouvez, tout l'amour naturel que les mères de tout le monde ont pour leurs enfants, dans un même cœur d'une mère pour un enfant unique: certainement cette mère aimera beaucoup cet enfant; cependant, il est vrai que Marie aime encore plus tendrement ses enfants que cette mère n'aimerait le sien. Elle ne les aime pas seulement avec affection, mais avec efficace. Son amour pour eux est actif et effectif.

---

9 **Vigile de saint Laurent**

Marie, la bonne mère des prédestinés, se met autour d'eux et les accompagne comme une armée rangée en bataille (...). Un homme entouré d'une armée bien rangée de cent mille hommes, peut-il craindre ses ennemis ? Un fidèle serviteur de Marie, entouré de sa protection et de sa puissance impériale, a encore moins à craindre. Cette bonne mère et princesse puissante des Cieux dépêcherait plutôt des bataillons de millions d'anges pour secourir un de ses serviteurs qu'il ne fût jamais dit qu'un fidèle serviteur de Marie, qui s'est confié en elle, a succombé à la malice, au nombre et à la force de ses ennemis.

---

10 — **Saint Laurent**

martyr

Le plus grand bien que l'aimable Marie procure à ses fidèles dévots, c'est qu'elle intercède pour eux auprès de son Fils, et l'apaise par ses prières, et elle les unit à lui d'un lien très intime et les y conserve.

---

11 — **Saints Tiburce et Suzanne**

martyrs

Après que Marie a comblé ses enfants et ses fidèles serviteurs de ses faveurs, qu'elle leur a obtenu la bénédiction du Père céleste et l'union avec Jésus-Christ, elle les conserve en Jésus-Christ, et Jésus-Christ en eux ; elle les garde et elle les veille toujours, de peur qu'ils ne perdent la grâce de Dieu et ne tombent dans les pièges de leurs ennemis : elle retient les saints dans leur plénitude, et les y fait persévérer jusqu'à la fin.

---

12 Sainte Claire

vierge

Par la lumière que le Saint-Esprit vous donnera par Marie, sa chère Épouse, vous connaîtrez votre mauvais fonds, votre corruption et votre incapacité à tout bien, si Dieu n'en est le principe comme auteur de la nature ou de la grâce, et, en suite de cette connaissance, vous vous mépriserez (...). Enfin, l'humble Marie vous fera part de sa profonde humilité, qui fera que vous vous mépriserez, vous ne mépriserez personne et vous aimerez le mépris.

---

13 Saint Jean Berchmans

La Vierge Marie, cette mère de la belle dilection, ôtera de votre cœur tout scrupule et toute crainte servile déréglée : elle l'ouvrira et l'élargira pour courir dans les commandements de son Fils, avec la sainte liberté des enfants de Dieu, et pour y introduire le pur amour, dont elle a le trésor ; en sorte que vous ne vous conduirez plus, tant que vous avez fait, par crainte à l'égard de Dieu charité, mais par le pur amour. Vous le regarderez comme votre bon père, auquel vous tâcherez de plaire incessamment, avec qui vous converserez confidemment, comme un enfant avec son bon père. Si vous venez, par malheur, à l'offenser, vous vous en humilierez aussitôt devant lui, vous lui en demanderez pardon humblement, vous lui tendrez la main simplement et vous vous en relèverez amoureusement, sans trouble ni inquiétude, et continuerez à marcher vers lui sans découragement.

---

14 Vigile de l'Assomption

Saint Augustin appelle la sainte Vierge *Forma Dei*: le moule de Dieu, le moule propre à former et mouler des dieux. Celui qui est jeté dans ce moule divin est bientôt formé en Jésus-Christ, et Jésus-Christ en lui : à peu de frais et en peu de temps, il deviendra dieu, puisqu'il est jeté dans le même moule qui a formé un Dieu.

---

15 Assomption de la Vierge Marie

Dieu le Saint-Esprit a communiqué à Marie, sa fidèle Épouse, ses dons ineffables, et il l'a choisie pour la dispensatrice de tout ce qu'il possède: en sorte qu'elle distribue à qui elle veut, autant qu'elle veut, comme elle veut et quand elle veut, tous ses dons et ses grâces, et il ne se donne aucun don céleste aux hommes qui ne passe par ses mains virginales. Car telle est la volonté de Dieu, qui a voulu que nous ayons tout par Marie: car ainsi sera enrichie, élevée et honorée du Très-Haut celle qui s'est appauvrie, humiliée et cachée jusqu'au fond du néant par sa propre humilité, pendant toute sa vie.

---

16 **Saint Joachim**

père de la sainte Vierge

Les vrais dévots à la sainte Vierge auront une grande dévotion à dire l'Ave Maria, ou la Salutation angélique, dont peu de chrétiens, quoiqu'éclairés, connaissent le prix, le mérite, l'excellence et la nécessité. Le salut du monde ayant commencé par l'Ave Maria, le salut de chacun en particulier est attaché à cette prière. C'est cette prière qui a fait porter à la terre sèche et stérile le fruit de vie, et que c'est cette même prière, bien dite, qui doit faire germer en nos âmes la parole de Dieu et porter le fruit de vie, Jésus-Christ. L'Ave Maria est une rosée céleste qui arrose la terre, c'est-à-dire l'âme pour la faire porter son fruit en son temps ; et une âme qui n'est pas arrosée par cette prière ou rosée céleste ne porte point de fruit et ne donne que des ronces et des épines, et est près d'être maudite.

---

17 **Saint Hyacinthe**

confesseur

Je ne sais pas comment cela se fait ni pourquoi, mais cela est pourtant vrai ; et je n'ai pas un meilleur secret, pour connaître si une personne est de Dieu, que d'examiner si elle aime à dire l'Ave Maria et le chapelet. Je dis : elle aime ; car il peut arriver qu'une personne soit dans l'impossibilité naturelle ou même surnaturelle de le dire, mais elle l'aime toujours et elle l'inspire aux autres.

---

18 **Sainte Hélène**

impératrice

Âmes prédestinées, apprenez que l'Ave Maria est la plus belle de toutes les prières après le Pater noster ; c'est le plus parfait compliment que vous puissiez faire à Marie, puisque c'est le compliment que le Très-Haut lui envoya faire par un archange pour gagner son cœur ; et il fut si puissant sur son cœur, par les charmes secrets dont il est plein, que Marie donna son consentement à l'incarnation du Verbe, malgré sa profonde humilité. C'est par ce compliment aussi que vous gagnerez infailliblement son cœur, si vous le dites comme il faut.

---

19 Saint Jean Eudes

confesseur

L'Ave Maria bien dit, c'est-à-dire avec attention, dévotion et modestie, est, selon les saints, l'ennemi du diable, qui le met en fuite, et le marteau qui l'écrase, la sanctification de l'âme, la joie des anges, la mélodie des prédestinés, le cantique du nouveau Testament, le plaisir de Marie et la gloire de la très sainte Trinité. L'Ave Maria est une rosée céleste qui rend l'âme féconde ; c'est un baiser chaste et amoureux qu'on donne à Marie, c'est une rose vermeille qu'on lui présente, c'est une perle précieuse qu'on lui offre, c'est un coup d'ambroisie et de nectar divin qu'on lui donne.

---

20 Saint Bernard

abbé et docteur

Avec Marie, il est aisé, je mets ma confiance en elle, quoique le monde et l'enfer en grondent, et je dis avec saint Bernard : « Elle est celle en qui j'ai mis ma plus grande confiance, elle est toute la raison de mon espérance. »

21 Sainte Jeanne de Chantal

veuve

Je vous prie donc instamment, par l'amour que je vous porte en Jésus et en Marie, de réciter votre chapelet et même, si vous en avez le temps votre rosaire, tous les jours, et vous bénirez, à l'heure de votre mort, le jour et l'heure que vous m'avez cru ; et, après avoir semé dans les bénédictions de Jésus et de Marie, vous recueillerez des bénédictions éternelles dans le Ciel.

---

22 Cœur immaculé de Marie

Ne confiez pas l'or de votre charité, l'argent de votre pureté, les eaux des grâces célestes, ni les vins de vos mérites et vertus à un sac percé, à un coffre vieux et brisé, à un vaisseau gâté et corrompu comme vous êtes ; autrement vous serez pillés par les voleurs, c'est-à-dire les démons qui cherchent et épient, nuit et jour, le temps propre pour le faire ; autrement, vous gâterez, par votre mauvaise odeur d'amour de vous-même, de confiance en vous-même et de propre volonté, tout ce que Dieu vous donne de plus pur. Mettez, versez dans le sein et le cœur de Marie tous vos trésors, toutes vos grâces et vertus : c'est un vaisseau d'esprit, c'est un vaisseau d'honneur, c'est un vaisseau insigne de dévotion.

---

23 **Saint Philippe Béniti**

confesseur

Pour remercier Dieu des grâces qu'il a faites à la très sainte Vierge, les vrais dévots à la sainte Vierge diront souvent le Magnificat (...). C'est la seule prière et le seul ouvrage que la sainte Vierge ait composé, ou plutôt que Jésus ait fait en elle, car il parlait par sa bouche. C'est le plus grand sacrifice de louange que Dieu ait reçu dans la loi de grâce. C'est d'un côté le plus humble et le plus reconnaissant, et de l'autre le plus sublime et le plus relevé de tous les cantiques : il y a dans ce cantique des mystères si grands et si cachés, que les anges en ignorent. Gerson (...) dit que la très sainte Vierge le récitait souvent elle-même, et particulièrement après la sainte communion, pour action de grâces.

---

24 **Saint Barthélemy**

Apôtre

Il faut faire ses actions par Marie, c'est-à-dire qu'il faut qu'ils obéissent en toutes choses à la très sainte Vierge, et qu'ils se conduisent en toutes choses par son esprit, qui est le Saint-Esprit de

Dieu. Ceux qui sont conduits de l'esprit de Dieu sont enfants de Dieu ; ceux qui sont conduits par l'esprit de Marie sont enfants de Marie, et, par conséquent, enfants de Dieu. Et parmi tant de dévots à la sainte Vierge, il n'y a de vrais et fidèles dévots que ceux qui se conduisent par son esprit.

---

25 **Saint Louis**

roi de France et confesseur

Afin que l'âme se laisse conduire par cet esprit de Marie, il faut :

1° renoncer à son propre esprit, à ses propres lumières et volontés avant de faire quelque chose ;

2° se livrer à l'esprit de Marie pour en être mus et conduits de la manière qu'elle voudra, ce qui se fait simplement et en un instant, par une seule œillade de l'esprit, par un petit mouvement de la volonté, ou verbalement, en disant, par exemple : « Je renonce à moi, je me donne à vous, ma chère mère » ;

3° de temps en temps, pendant son action et après l'action, renouveler le même acte d'offrande et d'union.

Plus on le fera, et plus tôt on se sanctifiera, et plus tôt on arrivera à l'union à Jésus-Christ, qui suit toujours nécessairement l'union à Marie, puisque l'esprit de Marie est l'esprit de Jésus.

26 **Saint Zéphyrin**

pape et martyr

Il faut faire ses actions avec Marie : c'est-à-dire qu'il faut, dans ses actions, regarder Marie comme un modèle accompli de toute vertu et perfection que le Saint-Esprit a formé dans une pure créature, pour imiter selon notre petite portée. Il faut donc qu'en chaque action nous regardions comme Marie l'a faite ou la ferait, si elle était en notre place.

---

27 **Saint Joseph Calasanz**

confesseur

Marie est le grand et l'unique moule de Dieu, propre à faire des images vivantes de Dieu, à peu de frais et en peu de temps ; et qu'une âme qui a trouvé ce moule, et qui s'y perd, est bientôt changée en Jésus-Christ, que ce moule représente au naturel.

---

28 **Saint Augustin**

évêque, confesseur et docteur

Saint Augustin dit que tous les prédestinés, pour être conformes à l'image du Fils de Dieu, sont en ce monde cachés dans le sein de la très sainte Vierge, où ils sont gardés, nourris, entretenus et agrandis par cette bonne mère, jusqu'à ce qu'elle ne les enfante à la gloire, après la mort, qui est proprement le jour de leur naissance, comme l'Église appelle la mort des justes. Ô mystère de grâce inconnu aux réprouvés et peu connu des prédestinés !

---

29 **Décollation de saint Jean-Baptiste**

Il faut faire ses actions en Marie (…). Il faut s'accoutumer peu à peu à se recueillir au-dedans de soi-même pour y former une petite idée ou image spirituelle de la très sainte Vierge. Elle sera à l'âme l'oratoire pour y faire toutes ses prières à Dieu, sans crainte d'être rebutée ; la tour de David pour s'y mettre en sûreté contre tous ses ennemis ; la lampe allumée pour éclairer tout l'intérieur et pour brûler de l'amour divin ; le reposoir sacré pour voir Dieu avec elle ; et enfin son unique tout auprès de Dieu, son recours universel. Si elle prie, ce sera en Marie ; si elle reçoit Jésus par la sainte communion, elle le mettra en Marie pour s'y complaire ; si elle agit, ce sera en Marie.

---

30 **Sainte Rose de Lima**

vierge

Il faut faire toutes ses actions pour Marie. Car il est juste qu'on fasse tout pour elle ; non pas qu'on la prenne pour la dernière fin de ses services, qui est Jésus-Christ seul, mais pour sa fin prochaine et son milieu mystérieux, et son moyen aisé pour aller à lui.

---

31 **Saint Raymond Nonnat**

confesseur

Il ne faut pas demeurer oisif; mais il faut, appuyé de la protection de Marie, entreprendre et faire de grandes choses pour cette auguste souveraine. Il faut défendre ses privilèges quand on les lui dispute; il faut soutenir sa gloire quand on l'attaque; il faut attirer tout le monde, si l'on peut, à son service; il faut parler et crier contre ceux qui abusent de sa dévotion pour outrager son Fils. Il ne faut prétendre d'elle, pour récompense de ces petits services, que l'honneur d'appartenir à une si aimable princesse, et le bonheur d'être par elle uni à Jésus, son Fils, d'un lien indissoluble dans le temps et l'éternité.

Septembre

1er Saint Gilles

abbé et confesseur

Avant la communion vous supplierez cette bonne mère, la Vierge Marie, de vous prêter son cœur pour y recevoir son Fils. Vous lui demanderez son cœur par ces tendres paroles : « Je vous prends pour mon tout, prêtez-moi votre cœur, ô Vierge Marie. » Après la sainte communion, étant intérieurement recueilli et les yeux fermés, vous introduirez Jésus-Christ dans le cœur de Marie. Vous le donnerez à sa mère qui le recevra amoureusement, le placera honorablement, l'adorera profondément, l'aimera parfaitement, l'embrassera étroitement, et lui rendra, en esprit et en vérité, plusieurs devoirs qui nous sont inconnus dans nos ténèbres épaisses.

---

2 Saint Étienne

roi de Hongrie et confesseur

Souvenez-vous que plus vous laisserez agir Marie dans votre communion, et plus Jésus sera glorifié ; et vous laisserez d'autant plus agir Marie pour Jésus, et Jésus en Marie, que vous vous humilierez plus profondément ; et vous les écouterez avec paix et silence, sans vous mettre en peine de voir, goûter, ni sentir ; car le juste vit partout de la foi, et particulièrement dans la sainte communion, qui est une action de foi.

---

3 **Saint Pie X**

pape et confesseur

Âme, image vivante de Dieu et rachetée du sang précieux de Jésus-Christ, la volonté de Dieu sur vous est que vous deveniez sainte comme lui dans cette vie, et glorieuse comme lui dans l'autre. L'acquisition de la sainteté de Dieu est votre vocation assurée, et c'est là que toutes vos pensées, paroles et actions, vos souffrances et tous les mouvements de votre vie doivent tendre ; ou vous résistez à Dieu, en ne faisant pas ce pour quoi il vous a créée et vous conserve maintenant. Oh ! Quel ouvrage admirable ! La poussière changée en lumière, l'ordure en pureté, le péché en sainteté, la créature en le Créateur et l'homme en Dieu ! Ô ouvrage admirable ! Je le répète, mais ouvrage difficile en lui-même et impossible à la seule nature ; il n'y a que Dieu qui, par une grâce, et une grâce abondante et extraordinaire, puisse en venir à bout; et la création de tout l'univers n'est pas un si grand chef-d'œuvre que celui-ci.

---

4 **Saint Moïse**

Âme, comment feras-tu? Quels moyens choisiras-tu pour monter où Dieu t'appelle? Les moyens de salut et de sainteté sont connus de tous, sont marqués dans l'Évangile, sont expliqués par les saints et nécessaires à tous ceux qui veulent se sauver et arriver à la perfection; tels sont: l'humilité de cœur, l'oraison continuelle, la mortification universelle, l'abandon à la divine providence, la conformité à la volonté de Dieu. Pour pratiquer tous ces moyens de salut et de sainteté, la grâce et le secours de Dieu sont absolument nécessaires. Tout se réduit donc à trouver un moyen facile pour obtenir de Dieu la grâce nécessaire pour devenir saint. Et je dis que pour trouver la grâce de Dieu, il faut trouver Marie.

---

5 **Saint Laurent Justinien**

évêque et confesseur

Comme c'est par Marie que Dieu est venu au monde pour la première fois, dans l'humiliation et l'anéantissement, ne pourrait-on pas dire aussi que c'est par Marie que Dieu viendra une seconde fois, comme toute l'Église l'attend, pour régner partout et pour juger les vivants et les morts?

---

6 **Saint Zacharie**
prophète

Heureuse une âme en qui Marie, l'Arbre de vie, est plantée; plus heureuse celle en qui elle est accrue et fleurie; très heureuse, celle en qui elle porte son fruit, Jésus-Christ; mais la plus heureuse de toutes est celle qui goûte et conserve son fruit jusqu'à la mort et dans les siècles des siècles.

---

7 **Sainte Reine**
vierge et martyre

Il faut dire, en vérité, avec les saints: *de Maria nunquam satis*. On n'a point encore assez loué, exalté, honoré, aimé et servi Marie. Elle mérite encore plus de louanges, de respects, d'amour et de services.

---

8 **Nativité de la sainte Vierge**

Dieu, pour exaucer Marie dans les demandes qu'elle lui fit de la cacher, appauvrir et humilier, a pris plaisir à la cacher dans sa conception, dans sa naissance, dans sa vie, dans ses mystères, dans sa résurrection et assomption, à l'égard de presque toute créature humaine. Ses parents même ne la connaissaient pas; et les anges se demandaient souvent les uns aux autres: « Qui est celle-là ? » Parce que le Très-Haut la leur cachait ou, s'il leur en découvrait quelque chose, il leur en cachait infiniment davantage.

---

9 **Saint Gorgon**

martyr

La grâce perfectionnant la nature, et la gloire perfectionnant la grâce, il est certain que Notre-Seigneur est encore dans le Ciel aussi Fils de Marie qu'il l'était sur la terre, et que, par conséquent, il a conservé la soumission et l'obéissance du plus parfait de tous les enfants à l'égard de la meilleure de toutes les mères.

---

10 **Saint Nicolas de Tolentino**

confesseur

Marie étant infiniment au-dessous de son Fils, qui est Dieu, ne lui commande pas comme une mère d'ici-bas commanderait à son enfant qui est au-dessous d'elle. Marie, étant toute transformée en Dieu par la grâce et la gloire qui transforme tous les saints en lui, ne demande, ne veut ni ne fait rien qui soit contraire à l'éternelle et immuable volonté de Dieu.

11 Saints Prote et Hyacinthe

martyrs

L'autorité que Dieu a bien voulu donner à Marie est si grande, qu'il semble qu'elle a la même puissance que Dieu, et que ses prières et demandes sont si puissantes auprès de Dieu, qu'elles passent toujours pour des commandements auprès de sa Majesté, qui ne résiste jamais à la prière de sa chère Mère, parce qu'elle est toujours humble et conforme à sa volonté.

---

12 Saint nom de Marie

Marie, qui est l'Étoile de la mer, conduit tous ses fidèles serviteurs à bon port; elle leur montre les chemins de la vie éternelle; elle leur fait éviter les pas dangereux; elle les conduit par la main dans les sentiers de la justice; elle les soutient quand ils sont près de tomber; elle les relève quand ils sont tombés; elle les reprend, en mère charitable, quand ils manquent; et quelquefois même, elle les châtie amoureusement.

---

13 Saint Amé

abbé et évêque de Sens

Si Moïse, par la force de sa prière, arrêta la colère de Dieu sur les Israélites, d'une manière si puissante que ce très haut et infiniment miséricordieux Seigneur, ne pouvant lui résister, lui dit qu'il le laissât se mettre en colère et punir ce peuple rebelle, que devons-nous penser, à plus forte raison, de la prière de l'humble Marie, la digne mère de Dieu, qui est plus puissante auprès de sa Majesté que les prières et intercessions de tous les anges et les saints du Ciel et de la terre ?

---

14 Exaltation de la sainte Croix

Le grand présent de Dieu que la croix ! Si vous le compreniez, vous feriez dire des messes, vous feriez des neuvaines aux tombeaux des saints, vous entreprendriez de longs voyages, comme les saints on fait, pour obtenir du Ciel de divins présents.

---

15 Notre-Dame des sept douleurs

Voyez, à côté de Jésus-Christ mourant sur la croix, un glaive perçant qui pénètre jusqu'au fond le cœur tendre et innocent de Marie, qui n'avait jamais eu aucun péché, ni originel ni actuel. Que ne puis-je m'étendre ici sur la passion de l'un et de l'autre, pour montrer que ce que nous souffrons n'est rien en comparaison de ce qu'ils ont souffert !

---

16 **Saints Corneille et Cyprien**

martyrs

Dieu aime les assemblées. Tous les anges et les bienheureux assemblés dans le Ciel y chantent incessamment ses louanges. Les justes assemblés en plusieurs communautés religieuses sur la terre y prient en commun jour et nuit. Notre-Seigneur a expressément conseillé cette pratique à ses Apôtres et disciples, et leur promit que toutes les fois qu'ils seraient au moins deux ou trois assemblés en son nom, il se trouverait au milieu de ceux qui sont assemblés pour prier en son nom et réciter sa même prière. Quel bonheur d'avoir Jésus-Christ en sa compagnie !

---

17 **Impression des stigmates de saint François d'Assise**

Quand on prie en commun, les prières de chaque particulier deviennent communes à toute l'assemblée et ne font ensemble qu'une même prière, en sorte que si quelque particulier ne prie pas si bien, un autre dans l'assemblée qui prie mieux supplée à son défaut.

18 Saint Joseph de Cupertino

confesseur

Une personne qui récite son chapelet toute seule n'a que le mérite d'un chapelet ; mais si elle le dit avec trente personnes, elle a le mérite de trente chapelets. Ce sont les lois de la prière publique. Quel gain ! Quel avantage !

---

19 Sainte Émilie de Rodat

vierge

Mais qui seront ces serviteurs, esclaves et enfants de Marie ? Ce seront des apôtres véritables des derniers temps. Ils porteront sur leurs épaules l'étendard ensanglanté de la croix, le crucifix dans la main droite, le chapelet dans la gauche, les sacrés noms de Jésus et de Marie dans leur cœur et la modestie et mortification de Jésus-Christ dans toute leur conduite. Voilà de grands hommes qui viendront, mais que Marie fera par ordre du Très-Haut, pour étendre son empire.

---

20 Saint Eustache

martyr

Le premier degré de dévotion à Marie consiste à s'acquitter des devoirs du chrétien, évitant le péché mortel, agissant plus par amour que par crainte et priant de temps en temps la sainte Vierge et l'honorant comme la mère de Dieu sans aucune dévotion spéciale envers elle.

---

21 **Saint Matthieu**

Apôtre et évangéliste

Le second degré de dévotion à Marie consiste à avoir pour la sainte Vierge des sentiments plus parfaits d'estime, d'amour, de confiance et de vénération. Elle porte à se mettre des confréries du saint rosaire, du scapulaire, à réciter le chapelet et le saint rosaire, à honorer ses images et ses autels, à publier ses louanges et s'enrôler dans ses congrégations. Et cette dévotion, excluant le péché, est bonne, sainte et louable ; mais elle n'est pas si parfaite et si capable de retirer les âmes des créatures et de les détacher d'elles-mêmes pour les unir à Jésus-Christ.

---

22 **Saint Maurice**

martyr

Le troisième degré de dévotion à la sainte Vierge, connu et pratiqué de très peu de personnes, consiste à se donner tout entier, en qualité d'esclave, à Marie et à Jésus par elle ; ensuite, à faire toute chose avec Marie, en Marie, par Marie et pour Marie.

---

23 **Saint Lin**

pape et martyr

Il faut choisir un jour remarquable pour se donner, se consacrer et sacrifier volontairement et par amour, sans contrainte, tout entier, sans aucune réserve, son corps et son âme ; ses biens extérieurs de fortune, comme sa maison, sa famille et ses revenus ; ses biens intérieurs de l'âme, savoir : ses mérites, ses grâces, ses vertus et satisfactions, en sorte qu'on en laisse l'entière disposition à la très sainte Vierge, pour les appliquer selon sa volonté à la plus grande gloire de Dieu qu'elle seule connaît parfaitement.

---

24 **Notre-Dame de la Merci**

Cette dévotion consiste à se donner à Marie en qualité d'esclave. Il faut remarquer qu'il y a trois sortes d'esclavage. Le premier est l'esclavage de la nature ; les hommes bons et mauvais sont esclaves de Dieu en cette manière. Le second, c'est l'esclavage de contrainte ; les démons et les damnés sont les esclaves de Dieu en cette manière. Le troisième, c'est l'esclavage d'amour et de volonté ;

et c'est celui par lequel nous devons nous consacrer à Dieu par Marie, de la manière la plus parfaite dont une créature se puisse servir pour se donner à son Créateur.

---

25 **Saint Cléophas**
martyr

Remarquez encore qu'il y a bien de la différence entre un serviteur et un esclave. Un serviteur veut des gages pour ses services ; l'esclave n'en a point. Le serviteur est libre de quitter son maître quand il voudra et il ne le sert que pour un temps ; l'esclave ne le peut quitter justement, il lui est livré pour toujours. Le serviteur ne donne pas à son maître droit de vie et de mort sur sa personne ; l'esclave se donne tout entier, en sorte que son maître pourrait le faire mourir sans qu'il en fût inquiété par la justice.

---

26 **Saints Cyprien et Justine**
martyrs

Heureuse et mille fois heureuse est l'âme libérale qui se consacre à Jésus par Marie, en qualité d'esclave d'amour, après avoir secoué par le baptême l'esclavage tyrannique du démon !

27 Saints Côme et Damien

martyrs

Se donner à Jésus par les mains de Marie, c'est imiter Dieu le Père qui ne nous a donné son Fils que par Marie, et qui ne nous communique ses grâces que par Marie; c'est imiter Dieu le Fils qui n'est venu à nous que par Marie, et qui, nous ayant donné l'exemple pour faire comme il a fait, nous a sollicités à aller à lui par le même moyen par lequel il est venu à nous, qui est Marie; c'est imiter le Saint-Esprit qui ne nous communique ses grâces et ses dons que par Marie.

---

28 Saint Wenceslas

duc de Bohême et martyr

Aller à Jésus-Christ par Marie, c'est marquer que nous ne sommes pas dignes d'approcher de sa sainteté infinie directement par nous-mêmes, à cause de nos péchés, et que nous avons besoin de Marie, sa sainte mère, pour être notre avocate et notre médiatrice auprès de lui, qui est notre médiateur. C'est en même temps s'approcher de lui comme de notre médiateur et notre frère, et nous humilier devant lui comme devant notre Dieu et notre juge: en un mot, c'est pratiquer l'humilité qui ravit toujours le cœur de Dieu...

29 **Saint Michel**

archange

Saint Michel, dit saint Augustin, quoique le prince de toute la cour céleste, est le plus zélé à faire rendre à la sainte Vierge toutes sortes d'honneurs, toujours en attente pour avoir l'honneur d'aller, à sa parole, rendre service à quelqu'un de ses serviteurs.

---

30 **Saint Jérôme**

confesseur et docteur

Les pauvres d'esprit sont riches en foi et dans les autres vertus. « Celui-là est abondamment riche qui est pauvre d'esprit avec Jésus-Christ », dit saint Jérôme. Il est riche en consolations divines, n'étant point piqué des épines des riches, ni des désirs des richesses, et se sevrant comme un roi du Ciel des douceurs terrestres charnelles, il regorge des consolations divines.

Octobre

Consacré au très saint rosaire

1er **Saint Remi**

évêque et confesseur

Prenez garde, s'il vous plaît, de regarder comme le vulgaire, et même comme plusieurs savants orgueilleux, cette pratique du saint rosaire comme petite et de peu de conséquence ; elle est vraiment grande, sublime et divine. C'est le Ciel qui nous l'a donnée. Dieu y a attaché la grâce dans cette vie et la gloire dans l'autre.

---

2 **Saints anges gardiens**

Marie commande dans les Cieux sur les anges et les bienheureux. Pour récompense de son humilité profonde, Dieu lui a donné les pouvoirs et la commission de remplir de saints les trônes vides dont les anges apostats sont tombés par orgueil. Telle est la volonté du Très-Haut, qui exalte les humbles, que le Ciel, la terre et les enfers plient, bon gré mal gré, aux commandements de l'humble Marie.

---

3 Sainte Thérèse de l'Enfant-Jésus

vierge

Les impies et pécheurs impénitents crient tous les jours : couronnons-nous de roses. Chantons aussi : couronnons-nous des roses du saint rosaire. Ah ! Que leurs roses sont bien différentes des nôtres ! Leurs roses sont leurs plaisirs charnels, leurs vains honneurs et leurs richesses périssables qui seront bientôt flétries et pourries ; mais les nôtres, qui sont nos Pater Noster et nos Ave Maria bien dits, joints avec nos bonnes œuvres de pénitences, ne se flétriront, ni ne passeront jamais et leur éclat sera aussi brillant en cent mille ans d'ici qu'à présent.

---

4 Saint François d'Assise

confesseur

Si vous êtes fidèles à dire le saint rosaire, malgré la grandeur de vos péchés, dévotement jusqu'à la mort, croyez-moi : vous recevrez une couronne de gloire qui ne se flétrira jamais.

5 **Saint Placide**

martyr

Quand vous seriez au bord de l'abîme, quand vous auriez déjà un pied dans l'enfer, quand vous auriez vendu votre âme au diable comme un magicien, quand vous seriez un hérétique endurci et obstiné comme un démon, vous vous convertirez tôt ou tard et vous vous sauverez, pourvu que vous disiez tous les jours le saint rosaire dévotement jusqu'à la mort pour connaître la vérité et obtenir la contrition et le pardon de vos péchés.

---

6 **Saint Bruno**

confesseur

Il faut que celui qui s'approche de Dieu par la prière commence par croire, et plus il aura de foi, et plus sa prière aura de force et de mérite en elle-même et rendra de gloire à Dieu.

---

7 **Notre-Dame du saint rosaire**

Pour moi, je ne trouve rien de plus puissant pour attirer le règne de Dieu, la Sagesse éternelle, au-dedans de nous, que de joindre l'oraison

Octobre

vocale et la mentale, en récitant le saint rosaire et en méditant les quinze mystères qu'il renferme.

---

8 Sainte Brigitte

veuve

Il ne faut pas faire comme la plupart des personnes qui demandent à Dieu quelque grâce. Quand elles ont prié pendant quelque temps considérable, comme des années entières, et ne voient pas que Dieu exauce leurs prières, elles se découragent et elles cessent de prier, croyant que Dieu ne veut pas les exaucer, et par là elles perdent le fruit de leurs prières et elles font injure à Dieu, qui n'aime qu'à donner, et qui exauce toujours les prières bien faites, soit d'une manière, soit de l'autre.

---

9 Saint Jean Léonardi

confesseur

Comme la foi est la seule clef qui nous fait entrer dans tous les mystères de Jésus et de Marie renfermés au saint rosaire, il faut le commencer en récitant le Credo avec une grande attention et dévotion, et plus notre foi sera vive et forte, et plus le rosaire sera méritoire.

10 Saint François Borgia
confesseur

Il ne faut pas chercher dans la pratique du saint rosaire seulement son goût sensible et sa consolation spirituelle, c'est-à-dire qu'il ne faut pas l'abandonner parce qu'on a une foule de distractions involontaires dans l'esprit, un dégoût étrange dans l'âme, un ennui accablant et un assoupissement presque continuel dans le corps ; il n'est pas besoin de goût ni de consolation, ni de soupirs, ni d'élans, ni de larmes, ni d'application continuelle de l'imagination, pour bien réciter son rosaire. La foi pure et la bonne intention suffisent.

---

11 Maternité de la sainte Vierge

La divine Marie est le paradis terrestre du nouvel Adam, où il s'est incarné par l'opération du Saint-Esprit, pour y opérer des merveilles incompréhensibles. C'est le grand et le divin monde de Dieu, où il y a des beautés et des trésors ineffables. C'est la magnificence du Très-Haut, où il a caché, comme dans son sein, son Fils unique, et en lui tout ce qu'il y a de plus excellent et précieux. Oh ! Oh ! Que de choses grandes et cachées ce Dieu puissant a faites en cette créature admirable, comme elle est elle-même obligée de le dire, malgré son humilité profonde : « *fecit mihi magna qui potens est* ». Le monde ne les connaît pas, parce qu'il en est incapable et indigne.

---

12 **Saint Wilfrid**

évêque et confesseur

Le Pater renferme tous les devoirs que nous devons rendre à Dieu, les actes de toutes les vertus et les demandes de tous nos besoins spirituels et corporels (...). Nous devons réciter l'Oraison dominicale avec certitude que le Père éternel l'exaucera, puisqu'elle est la prière de son Fils, qu'il exauce toujours, et que nous sommes ses membres.

---

13 **Saint Édouard**

roi d'Angleterre et confesseur

La Salutation angélique résume dans l'abrégé le plus concis toute la théologie chrétienne sur la sainte Vierge. On y trouve une louange et une invocation. La louange renferme tout ce qui fait la véritable grandeur de Marie ; l'invocation renferme tout ce que nous devons lui demander, et ce que nous pouvons attendre de sa bonté pour nous. La très sainte Trinité en a révélé la première partie ; sainte Élisabeth, éclairée du Saint-Esprit, y a ajouté la seconde ; et l'Église, dans le premier concile d'Éphèse, tenu l'an 431, y a mis la conclusion, après avoir condamné l'erreur de Nestorius et défini que la sainte Vierge est véritablement Mère de Dieu.

---

14 **Saint Calixte Ier**

pape et martyr

Tous les hérétiques, qui sont tous des enfants du diable et qui portent les marques évidentes de la réprobation, ont horreur de l'Ave Maria ; ils apprennent encore le Pater noster, mais non pas l'Ave Maria ; ils aimeraient mieux porter sur eux un serpent qu'un chapelet ou un rosaire.

---

15 **Sainte Thérèse d'Avila**

vierge

Je ne sais pas, et je ne vois pas même évidemment comment il se peut faire qu'une dévotion si petite en apparence, l'Ave Maria, soit la marque infaillible du salut éternel, et son défaut la marque de la réprobation. Cependant, rien n'est si véritable.

16 **Sainte Hedwige**

veuve

Mon Ave Maria, mon rosaire ou mon chapelet, est ma prière, et ma très sûre pierre de touche, pour distinguer ceux qui sont conduits par l'Esprit de Dieu d'avec ceux qui sont dans l'illusion du malin esprit.

---

17 **Sainte Marguerite-Marie**

vierge

L'Ave Maria est une rosée céleste et divine qui, tombant dans l'âme d'un prédestiné, lui communique une fécondité admirable pour produire toutes sortes de vertus, et plus l'âme est arrosée par cette prière, plus elle devient éclairée dans l'esprit, embrasée dans le cœur et fortifiée contre tous ses ennemis.

---

18 **Saint Luc**

évangéliste

N'est-ce pas aimer, bénir et glorifier Jésus et Marie que de réciter comme il faut la Salutation angélique ? En chaque Ave Maria, on donnera deux bénédictions à Jésus et à Marie : « Vous êtes bénie entre toutes les femmes et béni le fruit de votre ventre, Jésus » (Lc 1, 42).

19 Saint Pierre d'Alcantara

confesseur

Par chaque Ave Maria, vous rendez à Marie le même honneur que Dieu lui rendit en la saluant avec l'archange Gabriel.

---

20 Saint Jean de Kenty

confesseur

Le Ciel est dans la joie, la terre est dans l'admiration, toutes les fois que je dis : Ave Maria ; j'ai le monde en horreur, j'ai l'amour de Dieu dans mon cœur, lorsque je dis : Ave Maria ; mes craintes s'évanouissent, mes passions se mortifient, quand je dis : Ave Maria ; je crois dans la dévotion, je trouve la componction, quand je dis : Ave Maria ; mon espérance s'affermit, ma consolation s'augmente, lorsque je dis : Ave Maria ; mon esprit se réjouit, mon chagrin se dissipe, quand je dis : Ave Maria.

---

21 Saint Hilarion

abbé

Jamais personne ne pourra comprendre les richesses admirables de sanctification qui sont renfermées dans les prières et dans les mystères du saint rosaire. Cette méditation des mystères de la vie et de la mort de Notre-Seigneur Jésus-Christ est, pour tous ceux qui en font usage, la source des fruits les plus merveilleux.

---

22 Sainte Marie de Salomé

Aujourd'hui, on veut des choses qui frappent, qui émeuvent, qui produisent dans l'âme des impressions profondes. Qu'y a-t-il au monde de plus émouvant que cette histoire merveilleuse de notre Rédempteur se déroulant à nos yeux en quinze tableaux, dans le rosaire, nous rappelant les grandes scènes de la vie, de la mort et de la gloire du Sauveur du monde ? Quelles prières sont plus excellentes et plus sublimes que l'Oraison dominicale et l'Ave de l'ange ? Là sont renfermés tous nos désirs, tous nos besoins.

---

23 Saint Antoine-Marie Claret

évêque et confesseur

Les savants trouvent dans ces formules la doctrine la plus profonde, et les petits, les instructions les plus familières (...). C'est une étrange illusion du démon de croire qu'on peut faire des oraisons plus sublimes que celles du Pater et de l'Ave, en abandonnant ces divines oraisons qui sont le soutien, la force et la garde de l'âme.

24 Saint Raphaël

archange

Conservez la pratique du saint rosaire, car jamais une âme qui dit son rosaire tous les jours ne sera formellement hérétique ni trompée par le démon ; c'est une proposition que je signerais de mon sang.

---

25 Saints Chrysanthe et Darie

martyrs

Armez-vous donc de ces armes de Dieu, du saint rosaire, et vous briserez la tête du démon, et demeurerez stables contre toutes ses tentations. C'est d'où vient que le rosaire même matériel est si terrible au diable, et que les saints s'en sont servis pour l'enchaîner et le chasser.

---

26 Saint Évariste

pape et martyr

J'ai appris, par ma propre expérience, la force de cette prière pour convertir les cœurs les plus endurcis. J'en ai trouvé sur lesquels toutes les plus terribles vérités prêchées dans une mission n'avaient fait aucune impression et qui, pour avoir, par mon conseil, pris la pratique de réciter tous les jours le rosaire, se sont convertis et donnés tout à Dieu.

27 **Saint Élesbaan**

roi d'Éthiopie

J'ai vu une infinie différence entre les mœurs des peuples des paroisses où j'avais fait des missions, parce que les uns, ayant quitté la pratique du chapelet et du rosaire, étaient retombés dans leurs péchés ; et les autres, pour l'avoir conservée, s'étaient conservés dans la grâce de Dieu et augmentaient tous les jours dans la vertu.

---

28 **Saints Simon et Jude**

Apôtres

Par votre expérience, si vous pratiquez et prêchez cette dévotion, vous en apprendrez plus qu'en aucun livre et vous expérimenterez heureusement l'effet des promesses qu'a faites la sainte Vierge à saint Dominique, au bienheureux Alain de La Roche et à ceux qui font fleurir cette dévotion qui lui est si agréable, qui instruit les peuples des vertus de son Fils et des siennes, porte à l'oraison mentale, à l'imitation de Jésus-Christ, à la fréquentation des sacrements, à la pratique solide des vertus, et de toutes sortes de bonnes œuvres, à gagner tant de belles indulgences.

29 **Saint Maximilien**

évêque et martyr

Presque tous les chrétiens catholiques récitent le rosaire, le chapelet ou du moins quelques dizaines d'Ave. Pourquoi donc y en a-t-il si peu qui se corrigent de leurs péchés et s'avancent dans la vertu, sinon parce qu'ils ne font pas ces prières comme il faut?

---

30 **Saint Lucain de Paris**

martyr

Nous conseillons le saint rosaire à tout le monde : aux justes pour persévérer et croître dans la grâce de Dieu et aux pécheurs pour sortir de leurs péchés. Mais à Dieu ne plaise que nous exhortions un pécheur à faire du manteau de la protection de la sainte Vierge, un manteau de damnation pour voiler ses crimes, et à changer le rosaire, qui est un remède à tous maux, en un poison mortel et funeste.

---

31 **Saint Quentin**

martyr

C'est une pitié de voir comment la plupart disent leur chapelet ou leur rosaire. Ils le disent avec une précipitation étonnante et ils mangent même une partie des paroles. On ne voudrait pas faire un compliment de cette manière ridicule au dernier des hommes, et on croit que Jésus et Marie en seront honorés! Après cela, faut-il s'étonner si les plus saintes prières de la religion chrétienne restent quasi sans aucun fruit, et si, après mille et dix mille rosaires récités, on n'en est pas plus saint?

Novembre

Consacré aux âmes du purgatoire

1er Toussaint

Vous devez, comme autant de pierres vives, être placés par ce Dieu d'amour au bâtiment de la Jérusalem céleste. Attendez-vous donc à être taillées, coupées et ciselées par le marteau de la croix ; autrement vous demeureriez comme des pierres brutes qu'on n'emploie à rien, qu'on méprise et qu'on jette loin de soi.

---

2 Commémoraison des fidèles défunts

Prenez garde de faire regimber le marteau qui vous frappe et prenez garde au ciseau qui vous taille et à la main qui vous tourne ! Peut-être que Dieu, cet habile et amoureux architecte, veut faire de vous l'une des premières pierres de son édifice éternel et l'un des plus beaux portraits de son royaume céleste.

3 Saint Hubert

évêque et confesseur

C'est dans le creuset de la tribulation et de la tentation que les vrais amis de la croix se purifient par leur patience, tandis que ses ennemis s'en vont en fumée par leur impatience et leurs murmures.

---

4 Saint Charles Borromée

évêque et confesseur

Si vous ne voulez pas souffrir patiemment, et porter votre croix avec résignation comme les prédestinés, vous la porterez avec murmure et impatience comme les réprouvés (...). Il vous arrivera enfin ce qui est arrivé au mauvais larron, qui du haut de sa croix tomba dans le fond des abîmes.

---

5 Fête des reliques des églises

Si vous ne voulez pas souffrir avec joie comme Jésus-Christ, ou avec patience comme le bon larron, il faudra que vous souffriez malgré vous comme le mauvais larron (...) sans aucune consolation de la grâce, et que vous portiez le poids tout entier de votre croix, sans aucune aide puissante de Jésus-Christ. Il faudra même que vous portiez le poids fatal que le démon ajoutera à votre croix, par l'impatience où elle vous jettera, et qu'après avoir été malheureux avec le mauvais larron sur la terre, vous alliez le trouver dans les flammes.

---

6 Saint Léonard

évêque de Limoges

Si vous souffrez comme il faut, la croix deviendra un joug très doux, que Jésus-Christ portera avec vous. Elle deviendra les deux ailes de l'âme qui s'élève au Ciel ; elle deviendra un mât de navire qui vous fera heureusement et facilement arriver au port du salut.

---

7 Saint Ernest

N'est-ce pas la croix qui a donné à Jésus-Christ un nom au-dessus de tous les noms, afin qu'au nom de Jésus tout genou fléchisse, au Ciel, sur la terre, et dans les enfers ?

---

8 Les quatre saints couronnés

martyrs

Qui expliquera et qui comprendra jamais ce poids éternel de gloire qu'opère en nous un seul moment d'une croix bien portée ? Qui comprendra celle qu'une année, et quelques fois une vie entière de croix et de douleurs, opère dans le Ciel ?

9 Dédicace de Saint-Jean du Latran

Montrez, doux Jésus, je vous prie, par les larmes que vous avez versées de vos yeux, d'effacer les péchés que j'ai commis par le dérèglement de ma vue, afin qu'ayant achevé la course de ma vie, je puisse voir la beauté de votre divin visage, qui fait le paradis de mes regards.

---

10 Saint André Avellino

confesseur

Montrez, doux Jésus, je vous prie, par la pureté céleste de vos oreilles, de laver l'impureté des miennes, afin qu'à l'heure de ma mort, ne craignant point d'ouïr un arrêt funeste de votre bouche, je me présente avec joie devant votre trône, pour recevoir la couronne et pour entendre ces douces paroles : « Venez les bénis de mon Père, possédez le royaume qui vous est préparé dès le commencement du monde » (Mt 25, 34).

---

11 Saint Martin

évêque de Tours et confesseur

Mon doux Jésus, je vous prie, par la douce odeur de vos vertus, et par la patience avec laquelle vous souffrîtes la puanteur du Calvaire pour me délivrer de celle de l'enfer, de me pardonner les péchés que j'ai commis par ma délicatesse et par les dépenses superflues que j'ai faites pour contenter mon odorat, afin qu'à l'heure de ma mort, rien ne m'empêche de vous dire : « Attirez-moi à vous, nous courons à l'odeur de vos parfums » (Ct 1, 3).

---

12 — Saint Martin Ier
pape et martyr

Montrez, doux Jésus, je vous prie, par la puissante vertu des paroles sacrées qui sont sorties de votre bouche, de me pardonner l'intempérance de ma bouche et l'incontinence de ma langue, afin que, sortant de cet exil, j'entre avec joie dans le temple de votre gloire, pour chanter éternellement vos louanges.

---

13 — Saint Didace
confesseur

Montrez, doux Jésus, je vous prie, par les sacrées plaies de vos mains, d'anéantir tous les désordres des miennes, afin qu'après mon décès, je puisse vous embrasser très étroitement et m'unir à vous pour jamais !

14 **Saint Josaphat**

évêque et martyr

Mon très doux Jésus, je vous prie, par les sacrées plaies de vos pieds, de me pardonner tous les pas que j'ai faits dans les voies de l'iniquité, afin que mon âme étant déchargée du poids de ce corps mortel, prenne son vol vers vous, qui êtes son centre et le lieu de son repos.

---

15 **Saint Albert le Grand**

évêque, confesseur et docteur

Mon très doux Jésus, je vous prie, par la douce plaie de votre cœur et par l'innocence de votre très sainte vie, de me pardonner les excès honteux de ma concupiscence; faites-moi, s'il vous plaît, un bain de votre sang, en qui seul je mets toute mon espérance; appliquez-moi les mérites de l'eau qui sortit de votre sacré côté, pour laver les taches de mon corps et de mon âme, afin qu'étant parfaitement purifié, en sortant de cette misérable captivité, je me trouve heureusement en vous, qui êtes le vrai paradis des délices éternelles.

---

16 **Sainte Gertrude**

vierge

Ô mon très aimable Sauveur, je proteste à votre divine majesté, en présence du saint ange que vous m'avez donné pour me garder, que je veux mourir dans la foi et les sentiments de l'Église catholique, apostolique et romaine, dans lesquels tous vos saints et vos amis sont décédés.

---

17 Saint Grégoire le Thaumaturge

évêque et confesseur

Je crois fermement, mon Dieu, tout ce que vous nous avez révélé, et je renonce dès à présent à toutes les tentations d'infidélités et de désespoir, qui pourraient arriver par la malice du démon ou par la faiblesse de mon esprit à mes derniers instants.

---

18 Dédicaces de Saint-Pierre et de Saint-Paul

J'accepte dès maintenant la mort pour l'amour de vous, non tant pour être délivré des misères de la vie, et pour jouir plutôt de la gloire, que pour accomplir votre sainte volonté.

---

19 Sainte Élisabeth de Hongrie

veuve

Je me soumets par avance à tout ce qu'il vous plaît que j'endure, soit au corps ou à l'âme, et je vous l'offre en union de votre très sainte agonie, pour satisfaire à votre justice, et réparer le tort que j'ai fait à votre gloire.

20 Saint Félix de Valois

confesseur

Je renonce par avance au monde, à la chair, à la vie présente, à l'usage des sens, à la compagnie des vivants et à tous les contentements de la nature, parce que vous le voulez ainsi, et que je mérite d'en être privé.

21 Présentation de la sainte Vierge

J'espère, mon très doux et très miséricordieux Seigneur, que votre bonté me pardonnera mes péchés, car je suis assuré que votre clémence surpasse infiniment la grandeur de mes offenses.

22 Sainte Cécile

vierge et martyre

C'est, ô mon Dieu, sur l'abîme de vos miséricordes infinies, et sur les mérites de votre mort, qui est la source de vos bénédictions célestes, que je m'appuie et que j'attends le pardon que vous avez demandé pour moi, avec des larmes de sang, et la grâce de me préserver jusqu'à la fin dans votre amour.

23 **Saint Clément Ier**
pape et martyr

Ô mon Dieu, mon souverain bien, et ma dernière fin, qui m'avez commandé de vous aimer (...), je ne veux désormais ne m'occuper que de vous : que je sois tout à vous et tout pour vous (...). Oh que j'ai de regret de vous avoir aimé si tard et si peu !

---

24 **Saint Jean de la Croix**
confesseur et docteur

Ô ma béatitude, ma lumière et ma vie, je soupire après vous, je souhaite avec des ardeurs inexplicables de me voir un jour uni avec vous, pour vous aimer et glorifier le plus purement et parfaitement qu'il est possible (...). Jusque-là, mon Seigneur, je n'aurai point de repos, je languirai d'amour, mon cœur battra sans cesse (...). Vous l'avez fait pour vous, il sera toujours agité jusqu'à ce qu'il repose pleinement en vous.

---

25 **Sainte Catherine d'Alexandrie**
vierge et martyre

Ô Père éternel, Père des miséricordes, Père des lumières de qui descend tout don parfait, je vous rends, par le cœur amoureux de Jésus-Christ Notre-Seigneur, des actions infinies de grâces pour tous les biens qu'il vous a plu de me faire par votre seule bonté (...). Avec un cœur plein de reconnaissance et d'amour je vous remercie.

---

26 **Saint Silvestre**

abbé

Ô Père des miséricordes, j'ai une douleur très sensible et un regret extrême de ma mauvaise vie, dont je vous demande très humblement pardon, vous suppliant d'effacer les taches de mon âme, avec le sang de votre très cher Fils, et d'oublier mes négligences passées, qui m'ont tant de fois retiré des voies de votre Saint-Esprit, frustrant les desseins que votre bonté avait sur moi.

---

27 **Notre-Dame de la médaille miraculeuse**

N'entrez point, mon Dieu, en jugement contre votre pauvre serviteur : mais puisque vous ne rejetez pas le sacrifice d'un cœur contrit et humilié, accordez-moi cette grâce que je pleure mes offenses pendant ce qui me reste de vie, et que je meure dans l'esprit de pénitence, à l'exemple de tous vos saints.

28 Sainte Catherine Labouré

vierge

Ô Vierge sainte, heureuse Porte du Ciel, donnez-moi une des larmes de votre Fils et un des soupirs de votre cœur percé de douleur au pied de la croix, pour suppléer à ma contrition, et recevez mon âme au nombre de celles qui obtiennent, par votre intercession, le pardon de leurs offenses et la vie éternelle.

---

29 Saint Saturnin

évêque et martyr

Ô mon fidèle ange gardien, prenez soin du dernier moment de ma vie, et m'assistez si puissamment contre tous mes ennemis, que je sorte victorieux de ce dernier combat, en mourant dans l'amour et par l'amour de mon Dieu et de mon très doux Sauveur.

---

30 Saint André

Apôtre

Tous ceux à qui la Sagesse éternelle s'est communiquée ont été désireux de la croix, l'ont recherchée, l'ont embrassée et, quand il leur arrivait quelque occasion de souffrir, ils s'écriaient du fond de leur cœur avec saint André : « Ô bonne croix, si longtemps désirée ! »

Décembre

1er — Saint Éloi

évêque

Marie a été très cachée dans sa vie : c'est pourquoi elle est appelée par le Saint-Esprit et l'Église *alma Mater* – Mère cachée et secrète. Son humilité a été si profonde qu'elle n'a point eu sur la terre d'attrait plus puissant et plus continuel que de se cacher à elle-même et à toute créature, pour n'être connue que de Dieu seul.

---

2 — Sainte Bibiane

vierge et martyre

Marie est l'excellent chef-d'œuvre du Très-Haut, dont il s'est réservé la connaissance et la possession. Marie est la mère admirable du Fils, qu'il a pris plaisir à humilier et à cacher pendant sa vie, pour favoriser son humilité, la traitant du nom de femme, *mulier* (Jn 2, 4 et 19, 26), comme une étrangère, quoique, dans son cœur, il l'estimât et l'aimât plus que tous les anges et les hommes.

3 **Saint François-Xavier**

confesseur

Marie est le sanctuaire et le repos de la sainte Trinité, où Dieu est plus magnifiquement et divinement qu'en aucun lieu de l'univers, sans excepter sa demeure sur les chérubins et les séraphins ; et il n'est permis à aucune créature, quelque pure qu'elle soit, d'y entrer sans un grand privilège.

---

4 **Saint Pierre Chrysologue**

évêque, confesseur et docteur

La divine Marie est le paradis terrestre du nouvel Adam, où il s'est incarné par l'opération du Saint-Esprit, pour y opérer des merveilles incompréhensibles. C'est le grand et divin monde de Dieu, où il y a des beautés et des trésors ineffables. C'est la magnificence du Très-Haut, où il a caché, comme en son sein, son Fils unique, et en lui tout ce qu'il a de plus excellent et de plus précieux.

---

5 **Saint Sabbas**

abbé

Les saints ont dit des choses admirables de cette sainte cité de Dieu, la Vierge Marie (…). La hauteur de ses mérites, qu'elle a élevés jusqu'au trône de la Divinité, ne se peut apercevoir ; la largeur de sa charité, qu'elle a plus étendue que la terre, ne se peut mesurer ; la grandeur de sa puissance, qu'elle a jusque sur un Dieu même, ne se peut comprendre ; et, enfin, la profondeur de son humilité et de toutes ses vertus et grâces, qui sont un abîme, ne se peut sonder. Ô hauteur incompréhensible ! Ô largeur ineffable ! Ô grandeur démesurée ! Ô abîme impénétrable !

---

6 Saint Nicolas

évêque de Myre et confesseur

Toute la terre est pleine de la gloire de la sainte Vierge, particulièrement chez les chrétiens (…) qui publient ses louanges et annoncent ses miséricordes ! Il n'y a pas un petit enfant qui, en bégayant l'Ave Maria, ne la loue ; il n'y a guère de pécheurs qui, en leur endurcissement même, n'aient en elle quelques étincelles de confiance ; il n'y a pas même le diable dans les enfers qui, en la craignant, ne la respecte.

---

7 Saint Ambroise

évêque, confesseur et docteur

J'ai dit que l'esprit de Marie était l'esprit de Dieu, parce qu'elle ne s'est jamais conduite par son propre esprit, mais toujours par l'esprit de Dieu, qui s'en est tellement rendu le maître qu'il est devenu son propre esprit. C'est pourquoi saint Ambroise dit : « Que l'âme de Marie soit en chacun pour glorifier le Seigneur; que l'esprit de Marie soit en chacun pour se réjouir en Dieu. » Qu'une âme est heureuse quand, à l'exemple d'un bon frère jésuite, nommé Rodriguez, mort en odeur de sainteté, elle est toute possédée et gouvernée par l'esprit de Marie, qui est un esprit doux et fort, zélé et prudent, humble et courageux, pur et fécond !

---

8 **Immaculée conception de la sainte Vierge**

Le torrent impétueux de la bonté infinie de Dieu, arrêté violemment par les péchés des hommes depuis le commencement du monde, se décharge avec impétuosité et en plénitude dans le cœur de Marie. La Sagesse éternelle lui donne toutes les grâces qu'Adam et tous ses descendants, s'ils étaient demeurés dans la justice originelle, auraient reçues de sa libéralité. Enfin, toute la plénitude de la divinité se répand en Marie, autant qu'une pure créature en est capable.

---

9 **Saint Pierre Fourier**

confesseur

Il faut nous écrier avec l'Apôtre saint Paul : ni l'œil n'a vu, ni l'oreille n'a entendu, ni le cœur de l'homme n'a compris les beautés, les grandeurs et excellences de Marie, le miracle des miracles, de la grâce, de la nature et de la gloire (1 Co 2, 9).

---

10 — Saint Melchiade

pape et martyr

La divine Marie a été inconnue jusques ici, et c'est une raison pourquoi Jésus-Christ n'est point connu comme il doit l'être. Si donc, comme il est certain, la connaissance et le règne de Jésus-Christ arrivent dans le monde, ce ne sera qu'une suite nécessaire de la connaissance et du règne de la très sainte Vierge Marie, qui l'a mis au monde une première fois et le fera éclater la seconde.

---

11 — Saint Damase Ier

pape et confesseur

Dieu le Père n'a donné son Unique au monde que par Marie. Quelques soupirs qu'aient poussés les patriarches, quelques demandes qu'aient faites les prophètes et les saints de l'ancienne loi, pendant quatre mille ans, pour avoir ce trésor, il n'y eut que Marie qui l'ait mérité et trouvé grâce devant Dieu par la force de ses prières et la hauteur de ses vertus. Le monde étant indigne, dit saint Augustin, de recevoir le Fils de Dieu immédiatement des mains du Père, il l'a donné à Marie afin que le monde le reçût par elle.

---

12 **Saint Corentin**

Dieu le Fils est descendu sans son sein virginal, comme le nouvel Adam dans son paradis terrestre, pour y prendre ses complaisances et pour y opérer en cachette des merveilles de grâce. Ce Dieu fait homme a trouvé sa liberté à se voir emprisonnée dans son sein ; il a fait éclater sa force à se laisser porter par cette petite fille (…). Il a glorifié son indépendance et sa majesté à dépendre de cette aimable Vierge (…).

---

13 **Sainte Lucie**

vierge et martyre

Dieu le Saint-Esprit est devenu fécond par Marie qu'il a épousée. C'est avec elle et en elle et d'elle qu'il a produit son chef-d'œuvre, un Dieu fait homme, et qu'il produit tous les jours, jusqu'à la fin du monde, les prédestinés et les membres du corps (mystique) de ce chef adorable : c'est pourquoi, plus il trouve Marie, sa chère et indissoluble épouse dans une âme, et plus il devient opérant et puissant pour produire Jésus-Christ en cette âme et cette âme en Jésus-Christ.

14 **Saint Nicaise**

évêque et martyr

Le Saint-Esprit, par l'entremise de la sainte Vierge, dont il veut bien se servir, quoiqu'il n'en ait pas absolument besoin, réduit à l'acte sa fécondité, en produisant en elle et par elle Jésus-Christ et ses membres. Mystère de grâce inconnu même aux plus savants et spirituels d'entre les chrétiens.

---

15 **Sainte Christiane**

Dieu le Père a fait un assemblage de toutes les eaux qu'il a nommé la mer, *maria* en latin ; il a fait un assemblage de toutes les grâces, qu'il a appelé Marie, *Maria* en latin.

---

16 **Saint Eusèbe de Verceil**

évêque et martyr

Ce grand Dieu a un trésor ou un magasin très riche, où il a renfermé tout ce qu'il a de plus beau, d'éclatant, de rare et de précieux, jusqu'à son propre Fils ; et ce trésor immense n'est autre que Marie, que les saints appellent le trésor du Seigneur, de la plénitude duquel les hommes sont enrichis.

17 **Saint Lazare**

évêque d'Autun et martyr

Comme dans la génération naturelle et corporelle il y a un père et une mère, de même dans la génération surnaturelle et spirituelle il y a un Père qui est Dieu et une Mère qui est Marie. Tous les vrais enfants de Dieu et prédestinés ont Dieu pour Père et Marie pour Mère; et qui n'a pas Marie pour Mère n'a pas Dieu pour Père.

---

18 **Saint Gatien**

évêque de Tours et confesseur

C'est Marie seule qui a trouvé grâce devant Dieu, sans l'aide d'aucune créature. Ce n'est que par elle que tous ceux qui ont trouvé grâce devant Dieu depuis l'ont trouvée, et ce n'est que par elle que tous ceux qui viendront ci-après la trouveront.

---

19 **Saint Anastase Ier**

pape

Le Très-Haut l'a faite l'unique trésorière de ses trésors et l'unique dispensatrice de ses grâces, pour anoblir, élever et enrichir qui elle veut, pour faire entrer qui elle veut dans la voie étroite du Ciel, pour faire passer, malgré tout, qui elle veut par la Porte étroite de la vie, et pour donner le trône, le sceptre et la couronne de roi à qui elle veut.

20 Saint Théophile d'Alexandrie

C'est à Marie seule que Dieu a donné les clefs des celliers du divin amour, et le pouvoir d'entrer dans les voies les plus sublimes et les plus secrètes de la perfection, et d'y faire entrer les autres.

---

21 Saint Thomas

Apôtre

À la fin du monde, les plus grands saints, les âmes les plus riches en grâces et en vertus, seront les plus assidus à prier la très sainte Vierge et à l'avoir toujours présente comme leur parfait modèle pour l'imiter, et leur aide puissante pour les secourir.

---

22 Saint Flavien de Rome

martyr

Le Très-Haut et sa sainte mère, la sainte Vierge, doivent se former les grands saints qui surpasseront autant en sainteté la plupart des autres saints, que les cèdres du Liban surpassent les petits arbrisseaux.

---

23 Sainte Victoire

vierge et martyre

La formation et l'éducation des grands saints qui seront sur la fin du monde lui sont réservées ;

car il n'y a que cette Vierge singulière et miraculeuse qui peut produire, en union du Saint-Esprit, les choses singulières et extraordinaires.

24 Vigile de la Nativité

Il ne faut pas mêler la dévotion à la très sainte Vierge avec les dévotions aux autres saints, comme si elle n'était pas plus nécessaire, et que de surérogation.

25 Nativité de Notre-Seigneur

La Sagesse ne s'est fait homme que pour attirer les cœurs des hommes à son amitié et à son imitation, elle a pris plaisir à se parer de toutes les amabilités et de toutes les douceurs humaines les plus charmantes et les plus sensibles, sans aucun défaut, ni aucune laideur.

26 Saint Étienne

premier martyr

Vous êtes membres de Jésus-Christ, quel honneur ! Mais quelle nécessité de souffrir en cette qualité ! Le Chef est couronné d'épines et les membres seraient couronnés de roses ? Le Chef est bafoué et couvert de boue dans le chemin du Calvaire, et les membres seraient couverts de parfums sur le trône ? Le Chef n'a pas un oreiller pour se reposer et les membres seraient délicatement couchés sur la plume et le duvet ?

27

Saint Jean
Apôtre et évangéliste

Oh ! Qu'un homme qui a tout donné à Marie, qui se confie et se perd en tout et pour tout en Marie, est heureux ! Il peut dire hardiment avec David : « Marie est faite pour moi » (Ps 118, 56) ; ou avec le disciple bien-aimé : «je l'ai prise pour tout mon bien » (Jn 19, 27) ; ou avec Jésus-Christ : « tout ce que j'ai est à vous et tout ce que vous avez est à moi » (Jn 17, 10).

28

Saints Innocents
martyrs

Quand vous serez attaqués par la pauvreté, l'abjection, la douleur, la tentation et les autres croix, armez-vous d'un bouclier, d'une cuirasse, d'un casque, d'une épée à deux tranchants, savoir de la pensée de Jésus-Christ crucifié. Voilà la solution de toute difficulté et la victoire de tout ennemi.

29 Saint Thomas de Cantorbéry

évêque et martyr

Jésus-Christ a donné plus de gloire à son Père par la soumission qu'il a eue à sa mère pendant trente années, qu'il ne lui en eût donnée en convertissant toute la terre par l'opération des plus grandes merveilles. Oh ! Qu'on glorifie hautement Dieu quand on se soumet, pour lui plaire, à Marie, à l'exemple de Jésus-Christ, notre unique modèle !

---

30 Saint Sabin de Spolète

Ô Vierge Marie, je ne vous demande ni visions, ni révélations, ni goûts, ni plaisirs même spirituels. C'est à vous de voir clairement sans ténèbres ; c'est à vous de goûter pleinement, sans amertume ; c'est à vous de triompher glorieusement à la droite de votre Fils dans le Ciel, sans aucune humiliation ; c'est à vous de commander absolument aux anges et aux hommes et aux démons, sans résistance, et enfin de disposer, selon votre volonté, de tous les biens de Dieu, sans aucune réserve. Voilà, divine Marie, la très bonne part que le Seigneur vous a donnée et qui ne vous sera jamais ôtée ; et ce qui me donne une grande joie.

31

Saint Silvestre
pape et confesseur

Pour ma part, ici-bas, je ne veux point d'autre récompense que celle que vous avez eue, savoir : de croire purement, sans rien goûter ni voir ; de souffrir joyeusement, sans consolation des créatures ; de mourir continuellement à moi-même sans relâche ; et de travailler fortement jusqu'à la mort, pour vous, sans aucun intérêt, comme le plus vil de vos esclaves. La seule grâce que je vous demande, par pure miséricorde, c'est que, tous les jours et moments de ma vie, je dise trois fois Amen : ainsi soit-il, à tout ce que vous avez fait sur la terre, lorsque vous y viviez. Ainsi soit-il, à tout ce que vous faites à présent dans le Ciel. Ainsi soit-il, à tout ce que vous faites en mon âme, afin qu'il n'y ait que vous à glorifier pleinement Jésus en moi pendant le temps et l'éternité. Ainsi soit-il.

Références

Abréviations

L ....*Lettres*

ASE........*L'Amour de la Sagesse éternelle*

LAC.......*Lettre circulaire aux Amis de la Croix*

SAR........*Le Secret admirable du très saint rosaire*

SM ....*Le Secret de Marie*

VD.........*Traité de la vraie dévotion à la sainte Vierge*

PE..........*La Prière embrasée*

ACM......*Aux associés de la Compagnie de Marie*

LM.........*Lettre aux habitants de Montbernage*

DBM .....*Dispositions pour bien mourir*

	Janvier	Février
1	ASE 11	ASE 70
2	ASE 120	ASE 169
3	ASE 120	ASE 74
4	ASE 117	VD 130
5	ASE 8	ASE 75
6	VD 56	ASE 76
7	VD 139	ASE 76
8	VD 139	ASE 79
9	ASE 8	SM 17
10	ASE 118	L 7
11	ASE 118	VD 54
12	ASE 119	ASE 80
13	ASE 119	ASE 81
14	ASE 119	ASE 82
15	ASE 122	ASE 83
16	VD 35	ASE 89
17	ASE 184	ASE 92
18	ASE 99	ASE 175
19	VD 127	ASE 95
20	L 8	ASE 96
21	L 13	ASE 98
22	L13	ASE 100
23	L13	ASE 103
24	L 15	ASE 95
25	L 30	L27
26	ASE 51	ACM 2
27	LAC 49	L 16
28	ASE 58	ACM 6
29	VD 152	SAR 136
30	ASE 59	
31	LAC 46	

	Mars	Avril	Mai	Juin	Juillet
1	ACM 8	L 27	VD 1 et 49	ASE 71	L27
2	LAC 2	DBM 34	VD 214	VD 61	VD 225
3	LAC 3	DBM 35	L 34	VD 61	VD 135
4	LAC 4	DBM 36	VD 53	VD 61	PE 5
5	LAC 4	DBM 37	VD 62	VD 61	VD 139
6	LAC 4	DBM 38	VD 78	VD 63	VD 139
7	VD 127	DBM 39	VD 79	VD 68	VD 142
8	LAC 5	DBM 40	VD 79	VD 156	VD 143
9	LAC 7	ASE 127	VD 80	VD 73	VD 144
10	LAC 8	ASE 156	VD 81	VD 74	VD 149
11	LAC 9	ASE 156	VD 82	VD 75	VD 149
12	LAC 10	ASE 163	VD 83	VD 120	VD 152
13	LAC 11	ASE 164	VD 84	VD 120	VD 154
14	LAC 12	ASE 166	VD 85	VD 118	VD 8
15	LAC 12-13	PE 5, 28, 30	VD 85	VD 121	VD 154
16	VD 248	PE 13	VD 86	VD 122	VD 116
17	LAC 49	LM 2	VD 89	VD 123	VD 157
18	LAC 49	LM 2	VD 90	VD 124	VD 158
19	VD 155	LM 6	VD 90	VD 125	VD 164
20	LAC 21	ASE 99	VD 91	VD 126	VD 164
21	LAC 20	VD 40	VD 98	VD 126	VD 164
22	LAC 22	VD 43	VD 99	VD 126	ASE 122
23	LAC 23	VD 45	VD 104	SM 14	ASE 125
24	LAC 23	VD 46-47	VD 106	VD 19	VD 165
25	VD 248	VD 51	VD 107	VD 30	VD 165
26	LAC 26	VD 52	VD 108	VD 24	VD 166
27	LAC 27	VD 54	VD 109	VD 36	VD 173
28	LAC 27	LM 6	VD 110	VD 209	VD 175
29	LAC 30	SAR 34	SM 20	LAC 37	VD 32
30	LAC 55	LAC 27	SM 21	ASE 98	SM 59
31	LAC 34		VD 38		PE 28

	Août	Septembre	Octobre	Novembre	Décembre
1	VD 187	VD 266 et 270	SAR 1	LAC 28	VD 2
2	VD 196	VD 273	VD 28	LAC 28	VD 5
3	VD 197	SM 3	SAR 3	LAC 29	VD 5
4	VD 250	SM 4 à 6	SAR 4	LAC 33	VD 6
5	VD 198	SM 58	SAR 4	LAC 33	VD 7
6	VD 199	SM 78	SAR 34	LAC 34	VD 9
7	VD 200	VD 10	ASE 193	LAC 38	VD 258
8	VD 202	VD 2	ASE 188	LAC 39	ASE 106
9	VD 210	VD 27	SAR 35	DBM 27	VD 12
10	VD 211	VD 27	SAR 35	DBM 28	VD 13
11	VD 212	VD 27	VD 6	DBM 29	VD 16
12	VD 213	VD 209	SAR 36-37	DBM 30	VD 18
13	VD 215	VD 27	SAR 44	DBM 31	VD 20
14	VD 219	LAC 35	SAR 50	DBM 32	VD 21
15	VD 25	LAC 31	SAR 50	DBM 33	VD 23
16	VD 249	SAR 131	SAR 51	DBM 41	VD 23
17	VD 251	SAR 132	SAR 51	DBM 42	VD 30
18	VD 252	SAR 132	SAR 52	DBM 43	VD 44
19	VD 253	VD 56, 58, 59	SAR 52	DBM 44	VD 44
20	LM 6	SM 25	SAR 55	DBM 45	VD 45
21	VD 254	SM 26	SAR 75	DBM 46	VD 46
22	VD 178	SM 27-28	SAR 75	DBM 46	VD 47
23	VD 255	SM 29	SAR 76-77	DBM 47	VD 35
24	VD 258	SM 32	SAR 78	DBM 48	VD 39
25	VD 259	SM 33	SAR 85	DBM 49	ASE 117
26	VD 260	SM 34	SAR 113	DBM 50	LAC 27
27	VD 260	SM 35	SAR 113	DBM 50	VD 179
28	VD 33	SM 36	SAR 114	DBM 51	LAC 57
29	SM 47	VD 8	SAR 116	DBM 51	VD 18
30	VD 265	ACM 7	SAR 118	ASE 175	SM 69
31	VD 265		SAR 127		SM 69

Table des matières

Achevé d'imprimer en septembre 2022
par la société Pulsio
(www.pulsio.net)
pour le compte des éditions Clovis
Dépôt légal à parution
Imprimé en Bulgarie